ELKE DRÖSCHER: DIE GROSSE PUPPENWELT

Elke Dröscher

Die große Puppenwelt

Harenberg

Satz: Systemsatz, Dortmund
Druck und Bindung: Neue Stalling, Oldenburg
Printed in Germany
ISBN 3-88379-918-1

Inhalt

Einleitung von Elke Dröscher . . . . Seite 7

Die Deutschen und die »Docke« . . . . Seite 15

Puppen, Kinder und Charakter . . . . Seite 18

Verderbt die schönen Dinge nicht! . . . . Seite 19

Belustigung und Unterricht . . . . Seite 21

Die Spielwaren-Schnitzerei im Grödner Tal . . . . Seite 23

Eine im Garten vergessene Puppe . . . . Seite 27

Spielgefährtin, keine Primadonna . . . . Seite 39

Die Leipziger Puppendoctorin . . . . Seite 55

Der Thüringer Wald – das größte Puppenheim der Welt . . . . . Seite 67

Fleiß und Not in Sonneberg . . . . Seite 75

Wie Heinrich Stier die Wachspuppen aus Amerika einführt . . . . Seite 91

Die achtzigjährige Wachspuppe . . . . Seite 97

Das Sonneberger Privilegium . . . . Seite 103

Die phonographische Puppe des Mr. Edison . . . . Seite 117

Die Püppchen der Puppe . . . . Seite 121

Waltershäuser Puppen: Biskuitporzellanköpfe und Schlafaugen . . . Seite 137

»Rastloses Vorwärtsstreben nach höchster Vollendung« . . . . . . Seite 145

Stehbaby aus Zelluloid . . . . Seite 163

Der Boom der »Charakterbabies« . . . . Seite 175

Darf man Puppen normen? Eine Kontroverse . . . . Seite 185

Die Puppenhochburg Neustadt bei Coburg . . . . Seite 191

Heller Jubel der Kinder: Käthe-Kruse-Puppen . . . . Seite 203

Literaturverzeichnis/Abbildungsnachweis . . . . Seite 207

Register . . . . Seite 208

Einleitung

Sie existiert tatsächlich, die große Puppenwelt – eine Welt, die nicht nur aus Träumen in Samt, Seide und Spitzen besteht, sondern historische, kulturelle und soziologische Aspekte besitzt.

Sage und Geschichte, Kult und Religion haben sich der Puppe bemächtigt. Ihr Stammbaum läßt sich bis ins vorchristliche Zeitalter zurückverfolgen; vermutlich wurden kleine Abbilder menschlicher Gestalt hergestellt, seit der Mensch zu formen und zu gestalten begann.

Der Archäologe Dr. Robert Forrer berichtete 1908, anläßlich seiner Ausgrabungen in Wolishofen bei Zürich, von Fundstücken aus der Stein- und Bronzezeit: »Ein tönernes Puppennäpfchen, das kaum zwei Zentimeter Höhe und zweieinhalb Zentimeter Durchmesser hat und die 25fache verkleinerte Wiedergabe eines ebendort gefundenen Tonbechers darstellt. In der gleichen Ansiedlung fand man auch tönerne Räder kleiner Puppenwägelchen.«

In Babylon, Ägypten, Griechenland und Rom, den Kulturzentren des Altertums, spielten ebenfalls kleine und große Mädchen mit Puppen. Körperbau und Material dieser frühen Ahnen unserer mitteleuropäischen »Docken« waren sehr unterschiedlich. In den Gräbern der Pharaonen aufgefundene Puppen sind teils steife Nachbildungen der menschlichen Figur aus Ton, teils kunstvolle Darstellungen mit beweglichen Gliedern aus Holz. Andere sind aus Stoff, Gips oder Wachs hergestellt, tragen mit Asphalt befestigtes Haupthaar und besitzen oft Schmuck und Kleider. In den Grabfeldern bei Achmim, dem antiken Panopolis, fand Robert Forrer zahlreiche große Spielpuppen aus spätromanischer und byzantinischer Kaiserzeit. Vermutlich gab man den Kindern die Puppen, mit denen sie einst gespielt hatten, sogar mit ins Grab – ein Akt der Pietät oder vielleicht auch getragen von dem Glauben, das geliebte Kind möge am Tage der Auferstehung gleich seine Puppe wiederfinden.

Eines der ältesten Exemplare griechischer Spielpuppen aus vorchristlicher Zeit fand Schliemann in den untersten Schichten Trojas. Im Altertum existierte in Sardes, der Hauptstadt Lydiens, eine regelrechte Spielwarenindustrie (während der Sitz der Händler in Athen war). Puppenspielende Mädchen sind auf Grabsteinen, Vasen- und anderen Malereien dargestellt, aber auch in antiker Dichtung und Erzählung überliefert worden.

In der »Anthologia Palatina« ist ein griechisches Epigramm bewahrt, in welchem eine Puppe mit ihrer gesamten Aussteuer der Göttin Artemis überbracht wird:

Das Tamburin, den hübschen Ball,
Das Häubchen, das umwand das Haar,
Die Puppen und Puppenkleider all,
Timarete bringt's, die Jungfrau, dar
Vorm Hochzeitsfest nach altem Brauch
Du Artemis, die du Jungfrau auch.
O Letotochter, halte linde
Schützend die Hand über dem frommen Kinde.

Wie die jungen Griechinnen ihre Puppen bei der Verheiratung einer Göttin weihten, so hielten es auch die römischen Mädchen, indem sie ihre Spielgefährtinnen der Venus oder den Laren widmeten.

Der Ausdruck Puppe, der im Lateinischen als ›pupa‹ für das kleine Mädchen verwandt wurde, ging als Lehnwort in mehrere Sprachen über; während im Althochdeutschen ›tocha‹ oder im Mittelhochdeutschen ›tocke‹ gebräuchlich waren und seit dem 15. Jahrhundert allgemein ›docke‹ verwandt wurde.

Die mitteleuropäische Puppenwelt hatte ihre frühesten Zeugnisse in der Literatur des 8. bzw. 9. Jahrhunderts. Fundstücke aus dieser Zeit sind jedoch nicht überliefert. Einfache tönerne Puppen aus dem 13. und 15. Jahrhundert wurden Mitte des vorigen Jahrhunderts bei Erdarbeiten in Straßburg und Nürnberg entdeckt.

In Nürnberg, das jahrhundertelang Zentrum des Spielwarenhandels bleiben sollte, wurden bereits im Jahre 1413 die Dockenmacher Ott und 1465 Meß von Stadtschreibern erwähnt.

Erst aus dem 16. Jahrhundert sind zahlreichere Zeugnisse des höfischen und bürgerlichen Spielwerks überkommen. Gemälde von Lucas Cranach oder Holzschnitte von Jost Amman und Tobias Stimmer zeigen Mädchen mit ihren Puppen, die – wie die Kinder selbst – im Stil der damaligen Damenmode gekleidet waren. Die Entdeckung des Kindes als eigenständige Persönlichkeit fand allerdings erst zweihundert Jahre später statt.

Aus dem 16. und 17. Jahrhundert ist vor allem das modisch prunkhafte Geschöpf der Spielpuppe überliefert, wie sie der Hochadel aus Paris bezog. Um 1529 erwähnt die Herzogin von Beauvalet ihren kostbaren Puppenbesitz und Kaiser Karl V. ließ – trotz seiner Feindschaft gegen Frankreich – Puppen für seine Tochter aus Paris kommen. Die Herzogin von Orléans schenkte der spanischen Infantin vor ihrer Heirat mit Ludwig XV. eine Puppe, welche mitsamt ihrer Ausstattung nicht weniger als 22 000 Toursche Pfunde kostete.

Leider sind diese Zeugnisse vergangener Kunstfertigkeit nicht erhalten geblieben, aber einige prächtige Dockenhäuser jener Zeit, die heute noch im Germanischen Museum in Nürnberg und im Rijksmuseum in Amsterdam zu bewundern sind, lassen diesen Teil der Kultur des 17. Jahrhunderts lebendig werden.

Neben kunstvollem Spielzeug für Adels- und Patrizierkinder gab es für das Volk einfaches Schnitzwerk aus den Alpen, aus Thüringen und dem Erzgebirge. Hier entstanden Puppen, die nur andeutungsweise die Körperformen und Gesichtszüge wiedergaben. Seit dem 18. Jahrhundert wurden Holzdokken in großen Mengen gefertigt; zunächst als Nebenerwerb von Bergleuten, Holzfällern und Köhlern und später hauptberuflich geschnitzt oder auf Drehbänken mit Wasserantrieb gedrechselt.

Im 19. Jahrhundert begann die eigentliche Entwicklung von Produktion und Vertrieb, die zum »goldenen Zeitalter der deutschen Spielpuppenindustrie« führte. Aus alten Musterbüchern ist die Vielfalt des damaligen Angebotes zu ersehen: Eines der frühesten dieser Art gab um 1800 der Nürnberger »Galanteriewarenhändler« Georg Hieronimus Bestelmeier in 9 Heften mit 1111 Artikeln heraus. Jedes Stück oder Ensemble seines Sortiments war in Kupfertafeln abgebildet und wurde in einem Textteil ausführlich beschrieben. Mit diesem Warenverzeichnis begegnete er seiner wachsenden Konkurrenz im In- und Ausland und hinterließ der Nachwelt ein kulturgeschichtliches Dokument von großem Informationswert.

Neben Nürnberg, dem ältesten Handelszentrum der Spielwarenindustrie, wurden in Sonneberg, das günstig an der Handelsstraße Nürnberg–Leipzig gelegen war, eine Reihe von Verlagshäusern gegründet. Verleger, die oftmals selber in Heimarbeit »Dockenwerk« fertigten und es auf Jahrmärkten der umliegenden Städte angeboten hatten oder mit ihnen hausieren gegangen waren, kauften nun selber in den kleineren Orten des Meininger Oberlandes oder sogar im Grödner Tal Ware auf. Andere übernahmen von Heimwerkern Halbfabrikate, montierten sie in eigenen »Fabriken« und vertrieben diese Spielwaren über Handelshäuser in Leipzig, Hamburg und Bremen in die ganze Welt. Die sächsischen Erzeugnisse waren auf dem Weltmarkt konkurrenzlos billig, denn die notleidende Bevölkerung in Thüringen, dem Erzgebirge und den Alpen arbeiteten für Hungerlöhne. Sie konnten nur überleben, wenn ihre Frauen, Kinder und alte Leute mitarbeiteten; das änderte sich auch nach 1904 erst langsam, obwohl Lohnarbeit der Kinder erst ab dem 9. Lebenjahr erlaubt wurde.

Der Wettbewerb auf dem Weltmarkt wurde im 19. Jahrhundert durch die Einführung von Schutzzöllen der Hauptabnehmerländer England, Amerika und Frankreich zunehmend erschwert. Dennoch verhalf um 1810 der neuartige Werkstoff Papiermaché mit seinen preiswerten Herstellungsmöglichkeiten dem Puppenhandel zu erneutem Aufschwung. Die Teigmasse aus weißem tonhaltigem Sand, Lumpenpapier, Schwarzmehl und Leimwasser ließ sich in Gips- oder

Schwefelformen gut ausdrücken und ermöglichte eine rationelle Massenfabrikation. Die fein bemalten Köpfe aus Papiermaché besaßen nicht nur ein niedriges, zollersparendes Gewicht, sie waren auch nahezu unzerbrechlich und konnten, der jeweiligen Mode entsprechend, vielfältig gestaltet werden.

Der Konkurrenzkampf und die steigenden Ansprüche zwangen die Hersteller und Kaufleute zu laufenden Verbesserungen und Neuheiten. Um 1835 begann Porzellan sich als Material für Puppenköpfe, -arme und -beine durchzusetzen. Die Eigenschaften dieses Werkstoffes waren ideal für ihre Herstellung, sie erlaubten eine noch feinere Modellierung und Bemalung und waren witterungsunempfindlich. Die glasierten weißen Damenköpfchen besaßen kunstvolle anmodellierte Frisuren in tiefem Schwarz oder goldenem Blond. In ihrer vornehmen Blässe mit zart rosigen Wangen und naiven himmelblauen Augen entsprachen sie ganz dem Zeitgeschmack des Biedermeier. Ihr Körper bestand, ähnlich wie bei den Papiermachékopf-Puppen, zumeist aus Leinen- oder Lederbälgen, die man nun, statt mit Kleie zu füllen, mit Tierhaaren, Seegras oder Sägemehl stopfte.

Neben Holz, Papiermaché und glasiertem Porzellan wurde auch die gute Modellier- und Gußfähigkeit des Wachses genutzt, um immer kunstvollere Puppenköpfe herzustellen. Sie erhielten komplizierte Lockenfrisuren aus seidigem Mohair, und mandelförmige Glasaugen. Unzählige dieser Wachsgußpuppen oder bewachsten Papiermachépuppen fanden in England ihre Käufer. Warenbucheintragungen belegen, daß es vor allem Sonneberger, Neustädter oder Grödner Puppen waren, die teilweise noch heute als »englisch« bezeichnet werden. Ebenso importierten französische Grossisten preiswerte Sonneberger Puppen mit Papiermaché- oder Porzellanköpfen, kleideten sie in ihren eigenen Werkstätten »à la mode« (um sie anschließend als »Pariserinnen« anzubieten).

Der wirtschaftliche Aufschwung im beginnenden Maschinenzeitalter vermehrte in den Städten die Nachfrage nach Luxusgütern, zu denen auch die Puppen mit ihrer vielfältigen Aussteuer gehörten. Die Bekleidung entsprach in den Gründerjahren immer noch dem Stil der modebewußten Dame, wenn auch seit den 50er Jahren des vergangenen Jahrhunderts Puppenkinder als »Täuflinge« im Leinenhemdchen angeboten wurden. Die Täuflinge bewirkten zwar, daß die, nunmehr matten Biskuitporzellan-Köpfe, nicht mehr die Gesichtszüge Erwachsener trugen, sondern idealisierte Kindergesichter erhielten, der Pomp der Kleidung blieb aber unverändert bis in die ersten Jahrzehnte des 20. Jahrhunderts.

Zu den wesentlichen Neuerungen in der Puppenindustrie gehörten Ende des 19. Jahrhunderts der gepreßte, hohle Papiermachékörper, dessen Gliedmaße mit Gummikordeln straff verbunden waren und durch Holzkugeln in Gelenkpfannen drehbar und beweglich wurden sowie die mittels Bleipendel beweglichen Schlafaugen aus feinem Kristallglas.

Neben den vielen Puppenarten, die auch weiterhin produziert wurden, nahm die Kugelgelenkpuppe jahrzehntelang den ersten Rang ein. Schon im ausgehenden 19. Jahrhundert konnten Gelenkpuppen gehen, tanzen, sprechen, trinken, weinen, lachen oder erhielten sogar einen »patentirten Bejahungs- und Verneinungs-Mechanismus«. Dennoch durften die deutschen Fabrikanten mit diesen Entwicklungen nicht zufrieden sein, denn die französische Konkurrenz machte ihnen zu schaffen. Ihre kostbar ausstaffierten »Bébés«, ein Puppentyp, der idealisierte Kinder im Alter zwischen acht und zwölf Jahren darstellte, wurden bewundert, prämiert und besonders in Amerika viel gekauft. Ihre nach neuestem Pariser Schnitt gearbeitete teure Toilette ließ die Kundschaft oft sogar über die mangelhafte Verarbeitung der Puppenkörper hinwegsehen.

Deutsche Hersteller vervollkommneten ihre Puppenkleider nach französischem Vorbild, indem sie erfahrene Modistinnen und Directricen zu Rate zogen. Applikationen aus Spitzen, Seidenbändern und -kordeln gaben den Woll- und Kattunkleidchen den notwendigen modischen Akzent und Hüte, Schirme, Taschen oder Schmuck ergänzten ihre Ausstattung. Hatten die Abnehmer im Ausland zuvor den Luxus französischer Puppen und die Haltbarkeit und Billigkeit deutscher Ware erkannt, so registrierten sie nunmehr, daß die deutschen Gelenkpuppen luxuriös *und* preiswert waren.

Die Gelenkpuppen mit ihren zarten Biskuitporzellan-Köpfen wurden zu Millionen in Walterhausen, Sonneberg, Neustadt und

Rechte Seite: Vor einem englischen Puppenhaus aus der 1. Hälfte des 19. Jahrhunderts stehen frühe, etwa 20 cm hohe, Papiermachékopf-Puppen aus Sonneberg.

den umliegenden Dörfern hergestellt und über ein halbes Jahrhundert in alle Welt versandt. Kein Land der Erde erreichte auch nur annähernd derartige Ausfuhrergebnisse. Das war sicherlich nicht nur auf die Preiswürdigkeit zurückzuführen, sondern ein Ergebnis umsichtiger Handelspolitik und fortgesetzter Bemühungen dieses Industriezweiges, ihre Erzeugnisse dem Zeitgeschmack und den Besonderheiten der jeweiligen Abnehmer anzupassen.

Als es 1896 erstmalig gelang, den Spielwarenexport statistisch zuverlässig zu erfassen, war man über die Höhe der Ausfuhrwerte von 40 Millionen Mark überrascht. Die Ausfuhrumsätze stiegen weiter und erreichten 1911 mit 90 Millionen Mark den 13. Platz in der deutschen Exportstatistik.

Prof. Dr. Anschütz veröffentlichte 1913 in seinem Band »Die Spielwaren-Produktionsstätten der Erde« einige aufschlußreiche Untersuchungen. Sie zeigen neben den ökonomischen, soziologischen und kulturellen Zusammenhängen auch den Zeitgeist, in dem Puppen damals hergestellt, vertrieben und genutzt wurden.

In dem vorliegendem Band versuchte ich einerseits mit der Kamera das Wesen der vielgestaltigen Puppe aus der Blütezeit der deutschen Spielwarenherstellung einzufangen, andererseits mit einer Sammlung zeitgenössischer Textbeiträge das Umfeld der Puppenindustrie zu verdeutlichen. Bisweilen wirkt Sprache und Schreibweise der Artikel auf uns umständlich und zu detailliert, dennoch läßt sich gerade aus diesen unverfälschten Dokumenten ein unmittelbarer Eindruck von der Bedeutung der Puppe für Heimwerker, Fabrikanten, Verleger und Konsumenten gewinnen. *Elke Dröscher*

Der Papiermachékopf wurde mit einer »Gesso-Schicht« aus Leim und Schlämmkreide überzogen, so daß die Glasaugen von erhaben wirkenden Augenlidern umrahmt sind.

Der naturgetreu modellierte 15 cm hohe Papiermachékopf besitzt eine Wellenscheitelfrisur, entsprechend der Mode um 1850.

Die nur 12 cm hohe Holzgelenkpuppe trägt die sogenannte »Adelaide-Frisur« des frühen Biedermeiers (1820–1840).

Kopf und Oberkörper dieser frühen und heute seltenen Puppe sind in einem Stück aus Papiermaché geformt; die schmale, lederbezogene Taille geht in einen langen, ungewöhnlich kräftigen Unterkörper über. Sie mißt 93 cm.

Die Deutschen und die »Docke«

Es ist schade, daß das Lieblingspielzeug deutscher Mädchen seinen deutschen Namen eingebüßt hat. Früher hieß es allgemein »Docke«, und in manchen Gegenden Deutschlands heißt es heute noch so. Seit dem 15. Jahrhundert ist »Puppe« gebräuchlicher geworden, aus dem lateinischen pupa, das ursprünglich Mädchen, später auch angeputzte Nachbildung eines Mädchens bedeutete.

Uebrigens sind die Worte »Docke« und »Puppe« auch auf manche Dinge übertragen worden, die mit dem, was sie eigentlich bedeuten, Aehnlichkeit haben: Puppen heißen die wickelkindähnlichen Larven der Insecten, man spricht in der Baukunst von Balusterdocken, man zählt Garn nach Docken ab, und das walzenförmige Holz, auf das man die von der Drehrolle zu glättende Wäsche wickelt, nennt man Docke.

Die ältesten Puppen, mit denen Kinder gespielt haben, waren aus Holz geschnitzt oder aus Thon gebrannt. Bekleidete Puppen sind erst später aufgekommen. Im Aegyptischen Museum zu Berlin und im Britischen Museum zu London finden sich altägyptische Puppen aus Holz und aus glasirtem Thon, die mit Ketten aus Thonperlen geschmückt sind.

Aus Thon geformte und mitunter buntbemalte Puppen sowie Puppen aus Wachs hatten auch schon die Mädchen im alten Griechenland, und sie behielten sie bis zu ihrer Verheirathung. Dann wurden sie von der Braut einer Gottheit geweiht. Die Dichterin Sappho singt in einem ihrer Lieder: »O, Aphrodite, verachte nicht die purpurnen Schleier meiner Puppe, ich, Sappho, weihe dir diese kostbaren Gaben!«

Auch in Deutschland ist seit alten Zeiten die Puppe das Lieblingsspielzeug der Mädchen gewesen. Daß es auch hier zunächst hölzerne und thönerne Figuren ohne jede Bekleidung waren, lehren Funde aus der Vorzeit und Formen, die sich als Kinderspielzeug bis heute erhalten haben. Unter den billigsten Holzspielwaaren, wie sie noch heute auf Jahr- und Weihnachtsmärkten feilgeboten werden, findet man auch hölzerne, bunt bemalte Puppen, meist weibliche, weil die auf dem Umfange der Kleider am besten stehen, oft hohl und mit Klappersteinchen gefüllt und zur Unterhaltung der allerjüngsten Kinder bestimmt.

Thönerne Puppen, deren Ursprung wenigstens bis ins 14. Jahrhundert hinaufreichte, fand man 1859 bei einer Ausgrabung unter dem Straßenpflaster zu Nürnberg, meist weibliche Gestalten, aber auch Wickelkinder in sogen. Steckbettchen und etliche kriegerische Figuren, gepanzerte Reiter u. dergl. Daß es aber in Deutschland schon vor dem 14. Jahrhundert auch mit Kleidern und allerlei Schmuck angeputzte Puppen gegeben hat, erfahren wir aus zahlreichen Stellen in den Werken der mittelalterlichen Dichter.

Wolfram von Eschenbach spricht sehr oft von dem Puppenspiel der Mädchen. Im »Titurel« läßt er die junge Sigune, als sie zu ihrer Muhme reisen soll, bitten, ihr für die Reise auch ihren Schrein voll Puppen einzupacken. Im »Parcival« fragt eines Burggrafen Töchterlein, das dem Ritter Gawan gern etwas schenken möchte, die Gespielin, was sie wol geben solle, da sie außer ihren Puppen nichts besitze. Es würde ermüden, all die Stellen anzuführen, in denen Wolfram – oft bildlich – von Puppen spricht, z. B. einen leichten, ungefährlichen Kampf ein »tokkenspil« nennt. Es scheint, daß die Beobachtung seines eigenen Töchterchens ihn darauf geführt habe; wenigstens schildert er im

Auszug aus der »Illustrierten Zeitung« vom 22. Dezember 1894.

Linke Seite:
Die handkolorierten Sonneberger Musterbücher zeigen nicht nur die Vielfältigkeit der Haartrachten und Schutenhüte, sondern auch die unterschiedlichen Größen eines Puppentyps.

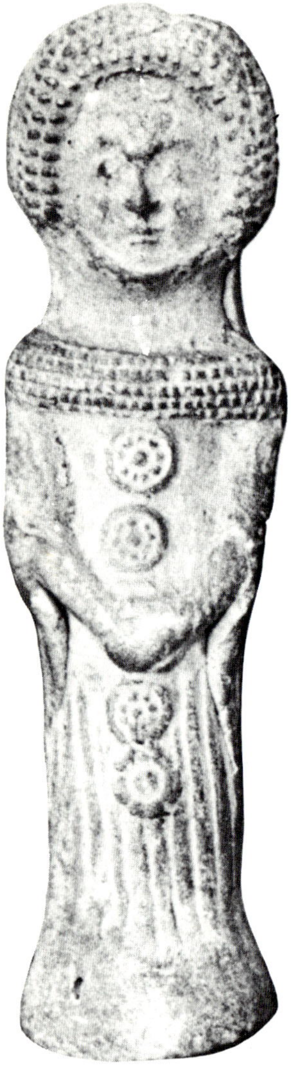

Die kleine Nürnberger Puppe aus gebranntem Ton entstand zwischen dem 14. und 15. Jahrhundert.

Rechte Seite: Die Holzpuppe vom Typ »Queen Anne« besitzt die typischen pupillenlosen, mandelförmigen Augen, punktierten Augenlider, Stupsnase und stark rosafarbige Bäckchen. Die 30 cm große Puppe entstand um 1800.

»Willehalm« die Pracht ritterlicher Waffenröcke einmal mit den Worten:

mîner tohter tocke
ist unnâch (kaum) sô schoene.

Bei andern mittelalterlichen Dichtern werden Puppen ebenfalls oft erwähnt; junge Mädchen werden oft »Docken« genannt, wie der Schwabe heute noch von einem hübschen Mädchen sagt, es sehe aus »wie's Döckle aus'm Laden«. Auch Puppenwiegen, Puppenwagen und Puppenküchen kannten die Mädchen im 15. und 16. Jahrhundert schon, und so konnte Fischart im »Gargantua« wohl sagen: »Was ist's wunder, daß die weiber so fein wissen mit ihren Ehegetrauten umbzugehen, demnach sie es auch von jugend auf mit docken und puppen spilsweise also gewohnen, daß sie nachgehends in der ehe auch solch puppenspil mit ihren Ehegepareten üben.«

In dem auf unsere Zeit gekommenen Rechnungsbuche der Witwe des nürnberger Bürgers Christoph Löffelholz findet sich zum Jahre 1619 ein Eintrag unter der Ueberschrift »Verzeichniß des Kindlein bescherns«. Wir erfahren da unter anderem, daß das siebenjährige Töchterchen Barbara nicht nur »eine große Docken und eine wiege sampt aller zugehöring« erhält, sondern auch für die Puppenküche »haffen (Töpfe), grichla (Krüglein), schalen, kupfern flasch, scheffla (Fäßchen) und drei beckla«; außerdem einen »Hennßla buben«, d. i. eine männliche Puppe, die sonst auch unter den Namen »Dockenhansel, Dockenmann, Puppenhansel, Puppenjunge u. s. w. vorkommt. die fünfjährige Salome erhielt zu ihrer Docke auch noch »ein wägel«.

Die sogen. Puppenhäuser früherer Jahrhunderte waren zumeist viel stattlicher und prunkvoller eingerichtet als die »Puppenstuben« unserer Zeit. Ueber das Puppenhaus der Nürnbergerin Anna Köferlin gibt ein im Jahre 1631 erschienenes Flugblatt in Versen Nachricht; es wird da berichtet, daß es z. B. eine Rüstkammer voll niedlicher Panzer enthielt, ferner eine aus den niedlichsten Einbänden bestehende Bibliothek, allerhand musikalische Instrumente u. s. w. Paul Stetten, der in Wort und Bild das alte Augsburg geschildert hat, schreibt 1765: »Bei der Erziehung der Mädchen muß ich auch der Spielsachen gedenken, mit welchen manche spielten, bis sie Bräute wurden, nämlich der sogenannten Dockenhäuser. Darin war alles, was zu einem Hause und zu einer Haushaltung gehörte, im kleinen vorgestellt, und manche trieben dabei die Ueppigkeit so weit, daß ein solches Spielwerk gegen tausend Gulden und noch höher zu stehen kam.«

Keller, Stall, Waschküche, Badezimmer, Speisekammer, Küche, Mägdekammer, Wohn-, Prunk-, Schlaf- und Kinderstube, alles war in einem solchen Puppenhause vertreten und aufs sorgfältigste und genauste ebenso eingerichtet und ausgestattet wie im Patricierhaus jener Zeit. In den schön getäfelten und bemalten Zimmern findet sich vom kunstvoll geschnitzten, mit eingelegter Arbeit gezierten und reich mit Linnen gefüllten Schranke bis zum Vogelkäfig, vom Himmelbette mit den spitzenbesetzten Bettüberzügen bis zur Mausfalle, vom Spinet bis zum Schaukelpferd, dem Ball und anderem Kinderspielzeug, von der Wiege und dem Laufkorbe bis zur Kinderklapper alles, was man sich nur denken kann. In der Kunstkammer des bairischen Herzogs Albrecht V. befand sich ein Puppenhaus, das nach einem 1589 aufgenommenen Inventarium unter anderem einen Weinkeller mit einer Menge kleiner Fäßchen, einen Tanzsaal, sogar eine Hauskapelle enthielt. Das mit rothem, silberdurchwirktem Stoff ausgekleidete Kinderzimmer enthielt eine Menge Kinder- und Wärterinnenpuppen. Von Hausgeräthen befand sich unter anderem Nähkörbe aus Silberdraht, ein Credenztisch mit Silbergeschirr u. dergl.

Das Germanische Museum zu Nürnberg und das Deutsche Kunstgewerbemuseum zu Berlin bewahren noch einige solcher Puppenhäuser auf, die ihre vortreffliche Erhaltung ihrer Kostbarkeit verdanken. Die glücklichen Besitzer solcher Puppenhäuser, an die die schon erwähnte gereimte Beschreibung des Puppenhauses der Anna Köferlin sich mit den Worten wendet:

Ir kinder . . . lernet draus,
Wie ir einmal solt hausen,

vermag man nicht zu beneiden; jedenfalls sind die Kinder, die sich jetzt mit einfachern Puppenstuben und Puppenküchen begnügen müssen, nicht zu bedauern. A. R.

Puppen, Kinder und Charakter

Text und Kupferstich aus der »Bilder-Akademie für die Jugend« in zwei Textbänden mit 54 Kupfertafeln von Prof. J. S. Stoy 1784 in Nürnberg herausgegeben.

Puppenwerk, Dockenwerk oder Spielsachen, nennt man überhaupt alles Spielwerk, woran die Kinder ihre Lust und Freude haben, und womit sie sich die Zeit zu vertreiben pflegen. Die Materie, woraus diese Spiel- und Docken-Waaren bestehen, ist entweder Silber, und dann werden sie von dem Gold- oder Silber-Arbeiter verfertiget; oder Zinn und Bley, Kupfer, Eisen oder Stein; oder sie ist auch Holz, diese werden von den gemeinen Bildschnizern und Drechslern gemacht; oder Alabaster und Marmor, und dann sind sie eine Arbeit der Alabasterer. Andere werden von Wachs poußiret, wie auch aus Kraftmehl oder gegoßnem Zucker formiret, welches von den Zuckerbäckern geschieht, die allerley Figuren und Thiere, der Natur gemäß, zu verfertigen und abzubilden wissen, auch dieselben öfters mit Felle, oder mit Federn auszupuzen pflegen. Derjenigen Docken zu geschweigen, die nach jeder Landesart, mit allerhand Zeugen, mit Sammet, Seide und Wolle bekleidet, ja gar nach den neuesten Moden des Frauenzimmers ausstaffiret, hier und da zum Modell verschickt werden; wie auch der kostbaren und künstlichen Docken, die allerley Bewegungen machen. Man macht auch allerhand Docken- und Puppenwerk von Pappenzeuge, welches von aussen bemahlet wird. Ja es ist fast kein Handwerk, das nicht von den Sachen, die es groß zu machen gewohnt ist, öfters, im Kleinen, Modelle und Puppenwerke verfertiget. Daher findet man zuweilen ganze Puppenhäusser, wo alles, was bey einer Haushaltung theils zur Pracht und Zierde, theils zur Nothwendigkeit dienlich ist.

Man kann aus solchem, der Jugend vorgelegtem, Puppen- und Spielwerk öfters ihr Gemüth kennen lernen, und aus ihrer Wahl beurtheilen, wozu sie geneigt sind, ob sie weibische, kindische oder ernsthafte, ihrem Stande anständige Dinge lieben; wie sie sich damit aufführen und sie verwahren, ob sie dieselben recht anzuwenden und zu gebrauchen wissen – ob dem kleinen Frauenzimmer die Puppenküchen angenehm, und ob sie Liebe zur künftigen Haushaltung dabey blicken lassen; ob sie schon die Hausgeschäfte aus Begierde nachzuahmen suchen, und sich dadurch zu allerley Guten anführen lassen. Eine kluge Mutter kann die Begierde ihrer Kinder, mit Puppen zu spielen, sehr gut nüzen, ihnen eine Menge deutlicher Begriffe von den Sachen beyzubringen, womit sie künftig umgehen sollen. Dergleichen Puppenwerk und Spielsachen pflegen die Kinder insgemein zur heil. Christ-Bescherung, Martins-Zeit, zu Namens- oder Geburts-Tagen als ein Geschenk zu bekommen.

Verderbt die schönen Dinge nicht!

Wer will auf dem vierten felde schöne puppen in mancherley stellung sehn: mägdchen, setz du die deinige nur so auf den vierbeinigten stuhl, daß sie unterstützt ist: so wird sie wohl sitzen, ohne daß du sie haltest; denn sie ist leblos, und bewegt sich um kein haarbreit.

Ihr beyden andern da an dem bette! ist denn das tabouret euer tisch: ihr habt da etwas kuchen, einen löffel, eine milchkanne, ein unterschälchen und eine bouteille, vielleicht auch etwas flüßiges, womit ihr spielt. wenn ihr närrchen das taburet befleckt; so wird es den klugen nicht gefallen, welche euch sonst euer spiel gern gönnen. auf dem dabeystehenden schemel solltet ihr so spielen, wenn er nicht zu niedrig wäre. wie kommt ihr mit eurem spielzeuge in die schlafkammer: denn ich sehe ein bett mit dem bettzeuge, und mit umhängen, welche auf den pfeilern aufgeschlagen sind, und oben, wo ich mich des worts recht besinne, fallblätter haben. im ernst, die kinder müssen sich hüten, solche gute und schöne dinge zu verderben und zu beflecken.

Text und Abbildung wurden dem »Elementarwerk« von Johann Bernhard Basedow mit Kupferstichen von Daniel Chodowiecki entnommen. Es erschien 1770–74 in vier Bänden.

Belustigung und Unterricht

Für jedes Geschlecht giebt es besondre Spielarten; die für die Knaben haben wir eben gesehen, jetzt wollen wir die für die Mädchen schicklichen betrachten.

Die Belustigungen der Kinder sollen, wie ich bemerkt habe, zugleich Unterricht für ihr künftiges Leben seyn. Das weibliche Geschlecht muß sich hauptsächlich mit den häuslichen Angelegenheiten beschäftigen, die Sorge für die Familie tragen, die Kinder aufziehn und pflegen, während die Männer ihrer Arbeit nachgehn, und für die Ernährung und den Unterhalt sorgen. Es ist daher sehr zweckmäßig, daß die Mütter ihre Töchter lehren, wie sie ein Kind anziehn, warten und pflegen müssen. Zu der Absicht hat man Puppen gemacht, welche kleinen Kindern gleichen, und die Mädchen werden gelehrt, Kleider für sie zu machen, sie an- und auszuziehn, sie zu tragen und zu warten. Die Kinder lernen diese angenehme Beschäftigung leicht, wenn sie nur ihre Mütter und Wärterinnen nachahmen, und alles das thun, was sie von ihnen sehn.

Es kann wohl keine nützlichere und unschuldigere Beschäftigung für Mädchen geben; die Eltern werden sie dazu anhalten, bis sie beynahe mannbar sind, damit, wenn sie Mütter werden, sie wissen, wie sie mit ihren eigenen Kindern umgehn sollen. Ich bin überzeugt, die Mädchen sehn ein, wie schicklich dieser Zeitvertreib für sie ist, und wie unschicklich hingegen, wenn sie an den Spielen der Knaben Antheil nehmen. Wie übel läßt es, wenn ein Mädchen Kegel schiebt; auf Bäume klettert, auf dem Schaukelpferde reitet, Ball spielt, mit Knaben springt und wild umher läuft? das steht diesem Geschlecht nicht an, und benimmt ihm die Sanftheit, welche die weibliche Schönheit ziert und erhebt.

Entsprechend der Mode des beginnenden 19. Jahrhunderts trägt die Papiermachékopf-Puppe eine hochangesetzte Taille und der kleine Grödner Holzknabe einen »Tituskopf«.

Anonymer Text des ausgehenden 18. Jahrhunderts.

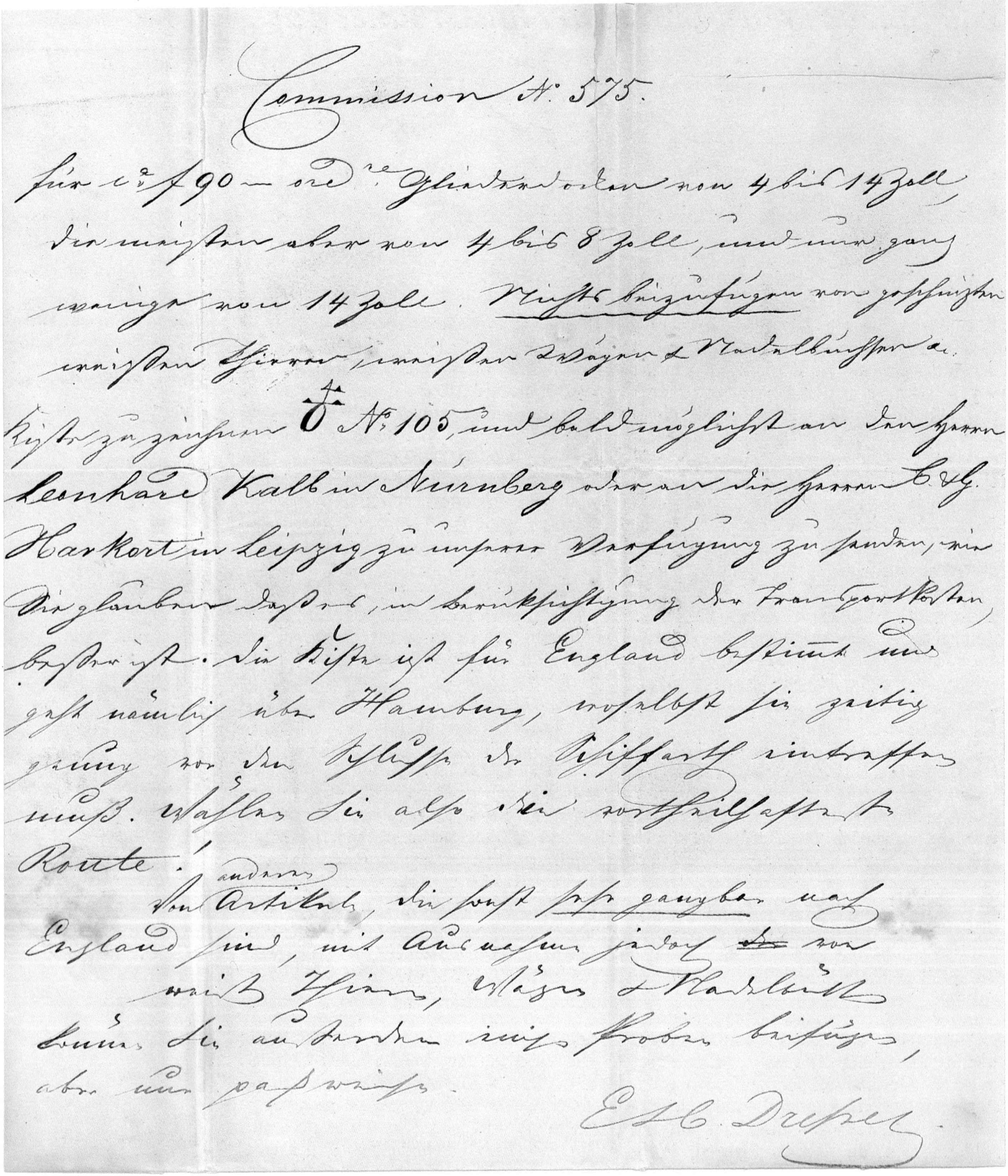
Commission No. 575.

für c.a f 90.– ord.re Gliederdocken von 4 bis 14 Zoll die meisten aber von 4 bis 8 Zoll, und nur ganz wenige von 14 Zoll. Nichts beizufügen von geschnitzten weißen Thieren, weißer Wägen & Nadelbüchsen etc.

Kiste zu zeichnen Ŏ No. 105, und baldmöglichst an den Herrn Leonhard Kalb in Nürnberg oder an die Herren C. & G. Harkort in Leipzig zu unserer Verfügung zu senden, wir glauben daß es, in Berücksichtigung der Transportkosten, besser ist. Die Kiste ist für England bestimmt und geht nämlich über Hamburg, woselbst sie zeitig genug vor dem Schlusse der Schiffarth eintreffen muß. Wählen Sie also die vortheilhafteste Route!

Von andern Artikeln, die sonst sehr gangbar nach England sind, mit Ausnahme jedoch ~~der~~ von weiß Thieren, Wägen & Nadelbüchs können Sie außerdem einige Proben beifügen, aber nur paßweise.

E & C. Drexel

Die Spielwaren-Schnitzerei im Grödner Tal

Auszug aus einem Artikel von Dr. Benno Schmidt, erschienen 1925 in der »Deutschen Spielwarenzeitung«.

Wie das Deutsche Reich zwei wichtige Holzspielwarengebiete aufzuweisen hat, von denen das eine am Nordabhange des mittleren Erzgebirges in der Gegend von Seiffen und Olbernhau, das andere im Meininger Oberlande bei Sonneberg liegt, so besaß einst auch der alte Donaustaat Oesterreich-Ungarn zwei solche Holzspielwarenindustriegebiete, die aber leider bei der Zertrümmerung des Reiches dem Kernlande Oesterreich verlorengegangen sind. Das eine ist an die Tschechoslovakei gefallen. Es ist der Bezirk um Katharinenberg, der sich an der Südseite des Erzgebirges unmittelbar an das Bereich der sächsischen Spielwarenindustrie anschließt. Das andere, das Grödener Tal, gehört heute zu Italien, nachdem es Jahrhunderte lang einen Teil des südlichen Tirols gebildet hatte.

Bei der Haltestelle Waidbruck der Eisenbahn zwischen Brixen und Bozen mündet in einer engen Schlucht, die erst seit 1856 durch eine Straße dem Verkehr geöffnet ist, das Tal Gröden (italienisch: Gherdrina). Es zieht sich vom Eisacktal sechs Stunden lang nach Südosten bis zur Alp Ferara. Die 4000 Bewohner des Tals gehören zu den Rhätoromanen, neben der ledinischen Mundart wird die italienische, seltener die deutsche Sprache gebraucht; doch wird Deutsch ganz gut verstanden.

Die Anfänge der Grödener Holzschnitzerei sollen bis ins 17. Jahrhundert zurückreichen, zu welcher Zeit einige Meister ganz hübsche Holzstandbilder verfertigten. Zu Beginn des 18. Jahrhunderts verallgemeinerte sich die Kunstfertigkeit, und man fing an, Bilderrahmen, dann auch Figuren, Weihnachtskrippen, Kruzifixe, Puppen und verschiedenes Spielzeug für Kinder zu schnitzen. Während es noch in der Mitte des 18. Jahrhunderts im Grödener Tal kaum 40 Schnitzer gab, wuchs ihre Zahl bis zum Beginn des 19. Jahrhunderts auf 300 an, während heute im Schnitzen und im Bemalen der Gegenstände wohl 1200 Personen ihren Erwerb finden, so daß die ganze Industrie zur Grundlage des Daseins der Talbewohner überhaupt geworden ist. Alles, vom 6jähr. Kinde bis zur 70jähr. Großmutter, ist mit Schnitzen und Bemalen beschäftigt, nachdem die früher verbreitete Spitzenklöppelei und Filetstrickerei unter dem Wettbewerb der Fabriken fast ganz aufgehört hat.

Die Spielwaren des Grödener Tals sollen ungefähr 300 Gegenstände umfassen, und von ihnen 28 v. H. auf Gliederpuppen, 30 v. H. auf Pferde, 25 v. H. auf andere Tiere, 27 v. H. auf Wagen und 20 v. H. auf Puppenköpfe, Gaukler, fahrende und bewegliche Sachen entfallen. Tierfiguren bildeten den Grundstock. Die Ausführung bewegt sich zwischen den gewöhnlichsten und feinsten Arten, die Größe der Gegenstände zwischen 1/2 und 24 Zoll. Während man früher zum Spielzeugschnitzen mit Vorliebe das Holz der Zirbelkiefer verwandte, wird jetzt vorwiegend Fichten- und Tannenholz dazu genommen und das seltener gewordene Zirbelkieferholz für Heiligenbilder und feinste Schnitzwaren vorbehalten Das zur Herstellung von Versandkisten nötige Holz wird von Nachbargemeinden bezogen, um das einheimische, bessere Holz, schonen zu können. Doch werden zu Spielwaren auch Pappel-, Weiden- und Ahornhölzer verarbeitet. Die Schnitzereierzeugnisse gelangen teils in rohem, teils in bemaltem Zustande in den Handel. Die zu bemalenden Gegenstände werden mit einer im Grödener Tal selbst vorkommenden Tonerde grundiert, dann mit Wasser- oder Leimfarbe bemalt und mit

Linke Seite: Ein aufschlußreiches Dokument: Im Jahre 1847 bestellten die Brüder Ernst & Carl Dressel aus Sonneberg »Gliederdocken« in Gröden zur Lieferung nach England.

einem Firnis überzogen. Früher schickte man die rohe Ware vielfach zum Anstreichen nach Oberammergau oder Berchtesgaden, bis das Anstreichen im Tale selbst eingeführt wurde. Meist wird es von alleinstehenden Frauen und Mädchen besorgt. Unter den Schnitzern fertigt jeder immer den gleichen Gegenstand an; eine weitere Arbeitsteilung derart, daß der gleiche Gegenstand eine Reihe von Händen durchläuft, verbietet sich meist durch die Natur der Ware, da fast jedes Stück aus einem Stück Holz besteht. Was der Vater geschnitzt hat, schnitzt auch der Sohn und der Enkel.

Der Betriebsweise nach ist die Spielwarenindustrie des Grödener Tales fast ausschließlich Hausindustrie. Während sich die Grödener Schnitzer früher nur des Schnitzeltisches und der Schnitzmesser bedienten, finden sich in neuerer Zeit auch Drehbänke, Bohr- und Poliermaschinen mit Antrieb, die sich die meisten Schnitzer selbst herstellen. Fast jeder Schnitzer ist zugleich auch Landwirt, doch ist die hausindustrielle Tätigkeit als Hauptbeschäftigung anzusehen, weil weder der karge Ertrag des Bodens noch die mit großer Liebe betriebene Viehzucht bei der großen Höhenlage des Tales und der nur kurz dauernden guten Jahreszeit genug Nahrung erbringen könnten.

In früheren Zeiten ging im Frühjahr der Vater oder einer der älteren Söhne mit dem, was die Familie im Winter geschafft hatte, über Land hausieren. Den gewandten, gutmütig freundlichen Menschen mit ihrem wunderlich gebrochenen Deutsch wurde gern abgekauft, und da sie von erstaunlicher Genügsamkeit waren, brachten die Reisen guten Verdienst. Bis Amsterdam, London und Paris zogen die Grödener mit einer Traglast auf dem Rücken, und ein paar Kistchen in Fracht. Hatte ein solcher Hausierer Glück, dann machte er wohl auch größere Einkäufe im heimatlichen Tale und bezog mit ihnen die Messen in Leipzig, Frankfurt, Lyon, Marseille. Manche gründeten Niederlagen heimischer und anderer Waren, wurden große Kaufleute, Bankherren u. a. Sie saßen in Florenz, Venedig, Triest, Rom, Madrid, Paris, Brüssel, Hamburg, ja selbst in großen Städten Rußlands, Mexikos und Südamerikas. Manche, die blutarm mit einer Last Schnitzwaren auf dem Rücken hinausgezogen waren, kehrten später als reiche Kaufherren ins Tal zurück.

Mit den veränderten Verkehrsverhältnissen änderte sich auch die ganze Vertriebsweise der Grödener Industrie und damit auch diese selbst. Die Besorgung des Absatzes ging mehr und mehr in die Hände von im Tale ansässigen Verlegern über. Einige Firmen in St. Ulrich und in Wolkenstein beherrschen fast den ganzen Handel, sie setzen die bei ihnen zusammenströmenden Schnitzwaren an andere Händler des In- und Auslandes ab. In der Regel arbeitet ein Schnitzer für verschiedene Verleger. Er beschafft sich auch das erforderliche Holz selbst. Dieses wird gewöhnlich von der Gemeinde gekauft und ratenweise bezahlt. Früher wurde es meist des nachts gestohlen. Seit sich einige Gemeinden entschlossen haben, eine gewisse Menge Holz den Schnitzern umsonst zukommen zu lassen und gleichzeitig die Waldaufsicht besser gehandhabt wird, haben die Waldfrevel nachgelassen. Die Gemeinden sind so reich an Waldungen, daß die Grödener Industrie aus Mangel an Holz nicht eingehen wird. Die Schnitzer sind selbständige Heimarbeiter und unabhängig vom Verleger, mit dem sie unter Ausschluß jeder Mittelsperson verkehren. Die Ware wird immer bei der Abnahme bar bezahlt.

Die Spielwarenschnitzerei des Grödener Tals ist qualitativ gesehen nur die populäre Verbreiterung einer starken bildhauerischen Begabung dieses eigenartigen Volkes. Die Anregung zu dem Schnitzen von Spielzeug ging von der schon im 17. Jahrhundert hochentwickelten religiösen Bildschnitzerei aus. Das St. Ulricher Totenbuch nennt schon 1656 unterm 14. Januar den berufsmäßigen Holzschnitzer Balthasar Trebinger.

Die erste Schule, die die Bildschnitzerei als allgemeinen Erwerbszweig des Grödener Tals popularisierte, war die des Johann de Metz. Er lehrte seine Kunst seinen Söhnen und einer Reihe von Gesellen. Zuerst wurden nur einfache Bilderrahmen gearbeitet, deren Schnitzwerk mehr und mehr reicher gestaltet wurde. Später wurden dann auch Krippen, Kruzifixe, Heiligenstatuen und endlich auch Spielzeug und Haushaltungsartikel geschnitzt. 3000 Figuren des Brixener Museums sind Grödener Schnitzarbeit aus dem Ende des 18. Jahrhunderts, und die meisten Heiligen- und Madonnenfiguren, Engelsköpfe, Kruzifixe stammen aus dem Grödener Tal. Eine der bekanntesten Grödener Künstlerfamilien sind die Vinazer.

Links und unten links: Zwei einfache, 28 cm große Holzpuppen aus dem Grödner Tal. Der Puppentyp wurde vom frühen 19. Jahrhundert bis in die 20er Jahre unseres Jahrhunderts in großen Serien gefertigt.

Rechtes Bild: Stilisierte Wickelpüppchen, wie sie im Erzgebirge aber auch im Grödner Tal im 19. Jahrhundert gedrechselt, beschnitzt und bemalt wurden.

Die frühe Grödner Holzpuppe im feinbedruckten Kretonnekleid ist 41 cm groß. Gliedmaße und Gesicht sind detaillierter gestaltet, als bei späteren Grödner Puppen.

Eine im Garten vergessene Puppe

Auszug eines Aufsatzes von Marie L. (möglicherweise Marie Leske) aus der Zeitschrift »Der Bazar« vom 1. April 1857.

Für die Puppen, dies arme unterdrückte Geschlecht, das einst in voller Blüthe stehend unsere Kinderstuben in den verschiedensten Größen und Hüllen bevölkerte und jetzt, einige wenige Prachtexemplare ausgenommen, ganz ausgestorben zu sein scheint. –

Es ist, bei den gesteigerten Ansprüchen der Zeit an die Erziehung der Mädchen gewiß nur lobend anzuerkennen, daß in frühester Kindheit schon ihnen spielend die Anfangsgründe des Wissens beigebracht werden.

Die mannigfaltigen Zahlen-, Noten- und Buchstabenspiele, jene die den Geist wecken und zum Nachdenken anspornen, wer möchte sie tadeln, oder ihren Nutzen in Abrede stellen? Allein etwas geht bei ihrer ausschließlichen Anwendung verloren, was bei der früheren Mädchenerziehung, wo das Puppenregiment in der Kinderstube vorherrschte, geweckt und genährt wurde: der Sinn für Wirthschaftlichkeit, Häuslichkeit und Mütterlichkeit. –

Ich muß in meine eigene Kindheit zurückgehen, um das klar zu beweisen, was ich so eben ausgesprochen. Vor 15–20 Jahren kannte man die oben erwähnten wissenschaftlichen Spiele noch nicht, wenigstens nicht im Mittelstande. Lernen und Spielen waren streng geschiedene Beschäftigungen, und während das Erste mit allem Ernste betrieben und von Eltern und Erziehern mit größter Strenge überwacht wurde, überließ man das Letztere ganz der Neigung und Phantasie des Kindes, das dann auch wirklich spielte und wirklich Kind in seinen Freistunden war.

Das Spielzeug der Jungen bestand größtentheils aus Soldaten, die sie selbst gemalt und aufgeklebt hatten, und die bei fleißigen Knaben sich oft auf 80–100 Stück beliefen. Gewöhnlich vervollständigten hölzerne Kanonen, aus welchen mit Erbsen geschossen werden konnte, das Kriegsmaterial, und wenn dann Sonntags andere Knaben kamen und eine feindliche Armee mitbrachten, dann wurden mit der größten Erbitterung Schlachten geliefert, Festungen aus Büchern erbaut, Signale auf kleinen Trompeten geblasen, der Feind überlistet, Gefangene gemacht, und endlich Friede geschlossen, unter der Bedingung, daß am nächsten Sonntag die Stellung beider Heere gewechselt werden müsse. –

Gegenüber diesen lärmenden Kriegsspielen standen die stillen Freuden der Mädchen mit ihren Puppen. Wir meinen nicht jene großen frisirten kostbaren Puppen, die beinahe so groß wie das Kind selbst, im rothen Ballkleide unter dem Weihnachtsbaume stehen, auch nicht jene quiekenden Wickelpuppen, die in weißen Bettchen liegend, das Kind mit ihren großen Glasaugen anstarren, und in ihrer Unbeholfenheit demselben keine Unterhaltung gewähren können, sondern wir gedenken von den kleineren und größeren Gliederpuppen zu sprechen, die man nackt um wenige Groschen auf dem Markte kauft, und deren Bekleidung und Ausstattung man dem Kinde selbst überläßt. –

Ich hatte 13 solche Pfleglinge, die ich mit der ganzen Wärme einer lebhaften Kinderseele liebte. Von meinem ersparten Taschengelde hatte ich sie nach und nach gekauft, und bei allen Freunden und Bekannten meine schüchterne Bitte um Läppchen und etwaige Bandrestchen angebracht, um sie alle schön und modern kleiden zu können. Der Ankauf einer neuen Puppe war stets ein Gegenstand großer Sorge. Sie mußte gut bewegliche Glieder haben, einen runden Kopf,

Rechte Seite: Die Ambrotypie, ein mit schwarzem Samt hinterlegtes Glasnegativ, entstand um 1850.

damit Hüte und Hauben sitzen blieben, und – ein angenehmes Gesicht. Mit welchem Eifer ging es dann an die Bekleidung eines solchen neuen Ankömmlings, die besten langgesparten Läppchen wurden hervorgeholt und zu Hut, Mantille und Kleid verarbeitet, damit eine Vorstellung bei den übrigen Puppen möglich würde, später gab es dann auch Hemden und Unterröcke, ja sogar Taschentücher und Strümpfe. –

Man beobachte ein Kind, das mit seinen kleinen, namentlich selbst gekleideten Puppen spielt, und man wird eine Liebe, eine mütterliche Sorgfalt und Innigkeit entdekken, die auf die spätere Gemüthsentwickelung nur vortheilhaft einwirken kann. –

Eine im Hof oder Garten vergessene Puppe ließ mich nicht einschlafen, und verweigerte man mir, sie nachzuholen, dann vergoß ich bittere Thränen, und machte mir die heftigsten Vorwürfe, bat sie auch wohl innig um Verzeihung, wenn ich sie vom Thau durchnäßt am andern Morgen hereinholte. –

In unserm Hause wurde ein Modejournal gehalten, und so gleichgiltig mir auch damals meine eigene Garderobe war, desto besorgter war ich, meine Lieblinge stets in dem neuesten Geschmacke zu kleiden. Da war kein Kleider- und Mantillenschnitt zu schwer, er wurde probirt, und die kleine Schneiderin war überglücklich, wenn es insoweit gelang, daß die Mutter und Tante die Nachahmung des Modebildes erkannte. Die Hüte wurden aus Kartenblättern geschnitten und mit allen möglichen Stoffen überzogen. Sie waren stets der Stein des Anstoßes in der Puppentoilette, denn die steife Karte wollte nie die elegante Form des Modelles annehmen, so sehr sich auch die kleinen Finger daran abmühten. –

Die Vortheile, die dem heranwachsenden Mädchen aus diesen Beschäftigungen entstehen, sind sehr bedeutend, wenn man sie nur recht ins Auge fassen will.

Es lernt frühe schon, wenn auch nicht regelrecht nähen, doch mit der Nadel umgehen, der Geschmack bildet sich, Auge und Hand werden geübt im Zuschneiden, im Nachbilden der Formen, und ein recht praktischer häuslicher Sinn für Anordnung, Zusammenhalten und richtige Verwendung der Garderobegegenstände wird geweckt und gepflegt; Tugenden, die wir bei unsern heranwachsenden Mädchen gar oft vermissen.

Den Kindern Puppenstuben und Küchen zu geben ist gleichfalls zu empfehlen, ja ein Puppenleben ohne Stube ist gar nicht denkbar. Das Auskleiden und zu Bette bringen der Puppen ist eine Lieblingsbeschäftigung der Kinder, und man muß sehen, mit welch liebender Sorgfalt sie dies vornehmen, um wahrhafte Freude an ihrem Puppenwesen zu haben.

Vor Allem ist es nöthig, die Kinder sich darin selbst zu überlassen und in ihre kleinen Haushaltungssorgen nicht einzugreifen. Nur wenn sie sich Unordnungen in ihrem Hauswesen zu Schulden kommen lassen, soll man sie zurecht weisen, oder wenn sie kommen und um Rath fragen, in ihre Denkweise möglichst eingehend, ihnen denselben ertheilen.

Im Uebrigen aber soll man sie gehen lassen, sie machen schon selbst ihre kleinen Erfahrungen. Ein Kind, das ein schönes Stückchen Seidenzeug im Zuschneiden verdirbt, wird das nächstemal vorsichtig sein, die kleine Köchin weiß bald, daß Salz und Chokolade, Wein und Milch sich nicht verträgt, und daß ein Wachslicht auf dem Puppenleuchter, der Gardine der Puppenstube zu nahe gebracht, die entsetzlichsten Folgen haben kann.

Sind die Mädchen größer, so gebe man ihnen ihre Staatspuppen, anstatt sie einzuschließen, zum täglichen Spielzeug in die Hand; sie lernen daran, was die meisten jungen Mädchen von 19 Jahren nicht können – frisiren!

Hat das Kind am Puppenkopfe einiges Geschick im Anordnen der Haare, sowie Fertigkeit im Flechten erlangt, dann wird es ihm auch nicht schwer fallen, das eigene Haar zu machen, und es lernt dann bald sich allein vollständig ankleiden, ein wesentlicher Fortschritt in der Erziehung eines Mädchens. –

Noch gar Manches, und recht Nützliches und Gutes ließe sich zur Unterstützung und Empfehlung unseres heutigen Themas vorbringen, doch glauben wir durch das bereits Gesagte denkende Mütter und Erzieherinnen, die neben der geistigen Ausbildung ihrer Töchter und Pfleglinge auch deren Sinn für mütterliche Sorgfalt und praktische häusliche Thätigkeit geweckt zu sehen wünschen, auf die Vorzüge des lang verdrängten Puppenspiels hinlänglich aufmerksam gemacht zu haben. –

Marie L.

Die gut erhaltene Sonneberger Papiermachékopf-Puppe mit prallgestopftem Ziegenlederkörper und hölzernen Unterarmen ist 33 cm groß.

Vermutlich im Grödner Tal wurde Mitte des 19. Jahrhunderts der 9 cm hohe Holzkopf gedrechselt und beschnitzt.

Um 1850 entstanden in Deutschland Babypuppen nach asiatischem Vorbild. Das 27 cm große Baby besitzt einen Papiermachékopf und kombinierten Stoff- und Holzteil-Körper. Hände und Füße ruhen in Holzschäften und sind drehbar.

Die 30 cm große Sonneberger Puppe mit zartgliedrigem Lederkörper, Holzunterarmen und -beinen und feinem Papiermachékopf entstand um 1825.

Die zerbrechlich wirkenden Holzpuppen entstanden um 1830 im Grödner Tal. Obwohl sie nur 11 und 22 cm groß sind, wurde die Bemalung sehr detailliert ausgeführt.

Links:
»Anzug für kleine Mädchen«, Modestich aus dem »Bazar« (1857).

Oben:
In dieser süddeutschen Puppenküche ist »en miniature« alles zu finden, was zu einem bäuerlichen Haushalt des frühen 19. Jahrhunderts gehört hat. Das bemalte Holzgehäuse ist 65 cm breit und 34 cm hoch.

Die 34 cm große Puppendame aus Sonneberg trägt, entsprechend der Mode um 1830, über dem Seidenkleid mit Keulenärmeln eine Spitzenpelerine und einen Schutenhut.

Die Papiermachékopf-Puppe mit dem feinen Ziegenlederkörper zeigt uns ihre langen, spitzenverzierten Unterhosen. Die sogenannten »Pantalets« gehörten im frühen 19. Jahrhundert zur Bekleidung eines »anständigen Mädchens«. Die Sonneberger Puppe hat eine Länge von 37 cm.

Mitte des 19. Jahrhunderts entstanden in Sonneberg und Umgebung rundliche Puppenköpfe mit weichen kindlichen Gesichtszügen. Die Papiermachékopf-Puppe hat eine stattliche Größe von 75 cm.

Typisch für diesen Puppentyp sind mandelförmige, feststehende Glasaugen ohne Iris und eine sparsam gemalte Frisur mit kleinen Kringellöckchen.

Spielgefährtin, keine Primadonna

Zu den beliebtesten Spielzeugen gehören Nachbildungen menschlicher Wesen. Sie regen die Phantasie des spielenden Kindes mächtig an; diese flößt den Puppen Leben ein, und das Kind erblickt in ihnen lebende Wesen, treue, liebe, sehr folgsame Spielkameraden, die nie Widerspruch leisten. Das kleine Mädchen drückt die Puppe zärtlich an das Herz, wie es Muttchen selbst mit der Kleinen macht; es wendet ihr alle Aufmerksamkeit und Sorgfalt zu, die ihr selbst Mütterchen angedeihen läßt. Das Kind behandelt die Puppe ganz als lebendes Wesen; es wäscht und badet sie; kämmt das echte Haar, das die Puppe in ihrer fortschreitenden Entwickelung erhalten hat. Es ist sorgfältigst bedacht, sie zu nähren und zu speisen, sie zu kleiden und zu putzen, und seine ersten Nähversuche, seine ersten unbeholfenen Stiche gelten dem Hemdchen und den Kleidchen für die Puppe. Zeigen diese auch deutlich, was das Kindchen in dieser Beziehung noch für geringe Kenntnisse hat, so ist dieses doch stolz auf seine Leistungen, und es hält die von ihm zusammengenadelten Kleider und Wäschestücke für die schönsten der Welt. Glücklich das Kind, das in der Puppe recht lange sein liebstes Spielzeug sieht, von ihm fortgesetzt mächtige Anregungen erhält und sich von ihm später erhofftes Glück vor Augen spiegeln läßt.

Die Kinder sind übrigens sehr genügsam; sie begnügen sich mit einfachsten Figuren, herzen und küssen dieselben wie die reicher und vornehmer ausgestatteten, womit nicht gesagt sein soll, daß ihnen diese nicht auch momentan gefallen. Aber gar oft ist ihnen ein Scheit Holz oder ein Stiefelknecht, die sie in einen Lappen statt eines Kleidchens hüllen und in einen umgekehrten Schemel statt in ein Bettstättchen oder einen Wagen legen, viel lieber als eine aufgeputzte Docke, die sie sich nicht zu berühren trauen.

Wie die Mutter ein krankes Kind nur noch inniger liebt, so mag auch das Kind einer solchen primitiven Puppe nur noch mehr zugetan sein. Seine Phantasie wird dadurch auf das mächtigste angeregt, es erblickt in ihr trotz aller Mängel sein liebes, liebes Kind. Die kleinen Mädchen waren sicher auch entzückt, als die steifen Puppen bewegliche Glieder erhielten, als ihnen wirkliches Haar wuchs, das sich kämmen und flechten ließ, als die Puppen ihre Augen zu- und aufmachen, als sie Papa und Mama sprechen, als

Oben:
Ein weiteres Merkmal dieser Papiermachéköpfe sind vier kleine Bambuszähnchen, die in dem halbgeöffneten Mund sichtbar werden. Die Puppe ist 35 cm groß.

Der Text von Hans Boesch erschien 1904/05 in »Kind und Kunst« (Band 1).

Rechte Seite: Die goldgetönte amerikanische Daguerreotypie wurde Ende der 40er Jahre des vorigen Jahrhunderts belichtet

sie durch Uhrwerke und Mechanismen bewegt werden konnten.

Es ist aber zu befürchten, daß mit dieser Vollendung der Puppen die Puppenfabrikanten noch nicht genug haben und eifrigst immer weiter an der »Vervollkommnung« der Puppe arbeiten werden. Man wird ihnen schließlich wirklich zu essen und zu trinken geben können, sie werden die damit zusammenhängenden Funktionen verrichten, und ein in ihnen angebrachter Phonograph wird verschiedene Reden unendlich oft wiederholen, und das Kind wird statt des Spielzeugs ein künstliches Werk haben, das im Anfang ja seine Wißbegierde und seine Teilnahme erregen, aber es sehr bald kalt lassen und ihm gleichgültig sein wird. Es wird ein angebliches Spielzeug besitzen, wie es ganz dem Zeitalter des Automobils entspricht, das ihm nicht die mindeste Anregung bietet, seine Phantasie nicht beschäftigen, seinem Gemüt keinerlei Nahrung geben, sondern nur blasierte Kinder schaffen wird.

Daß die Eltern Freude an ihren Kindern haben, versteht sich ja von selbst, aber auch Junggesellen, wenn sie nicht zu sehr verknöchert sind, werden mit Vergnügen dem Spiele netter, lieber Kinder zusehen. Der gesunde Sinn, der in den Kleinen steckt, wird sich aber auch von selbst von solchen komplizierten Werken abwenden, bei denen sie zudem noch fürchten müssen, daß etwas ruiniert, irgendein Mechanismus in Unordnung gebracht werden könnte; es wird das Kind infolgedessen gar nicht mehr mit diesen spielen mögen und daher von selbst wieder zu den einfachen Puppen von charakteristischem, ihnen alles mögliche verratenden Äusseren zurückkommen, bei denen es nicht fürchten muß, das Kleidchen zu zerdrücken, das Stimmchen zu ruinieren.

Es will eine ungekünstelte Puppe, mit der es alle Leiden und Freuden des Kinderlebens durchmachen und besprechen, eine liebe Spielgefährtin, der es alle seine kleinen Geheimnisse anvertrauen, die es an- und ausziehen, baden, waschen und liebkosen kann, wie es Zeit und Verhältnisse mit sich bringen.

So lieb ihm die Puppe ist, so werden ihr doch, wenn sie unartig ist, auch Schelte und Schläge nicht erspart; es muß sie auch alles das lehren, was dem Kindchen die Weisheit des Lehrers verkündet. Und da geht es nicht immer so glatt ab.

Zum Glück ist die Docke nicht nachträgerisch, sie nimmt nichts übel, auch wenn sie schlecht behandelt wird, weiß sie doch, daß sie nachher nur um so zärtlicher an die Brust gedrückt wird; und so eine Versöhnung ist so nett, daß man sich, um sie öfter genießen zu können, eigentlich manchmal entzweien sollte.

Verschiedene hervorragende Künstler sind bemüht, in dieser ungekünstelten Richtung zu schaffen und den Kindern ein einfaches, allen künstlerischen Anforderungen entsprechendes Spielzeug zu bieten, das nur den einzigen Fehler hat, daß es ein wenig teuer ist, was der massenhaften Verbreitung desselben, die sehr zu wünschen wäre, noch etwas hindernd im Wege steht. Diese, befruchtend auf die Phantasie des Kindes wirkenden Spielsachen kann man in München und in Dresden kaufen. Das Bayerische Gewerbemuseum in Nürnberg hatte eine Konkurrenz für Spielwaren ausgeschrieben, die, wie der Erfolg zeigte, auf einen fruchtbaren Boden gefallen ist, das Spielzeug brachte, das die Kleinen entzückt und Herz und Gemüt mächtig anregt.

Künstlerisch ausgeführte Puppen bereiten dann ohne Zweifel die Kinder nicht allein auf ihren einstigen Beruf der Kinderpflege und Kinderzucht vor, sondern sie sind auch sonst dem Kinde auf den verschiedenen Gebieten eine Lehrmeisterin. Sie können durch entsprechende künstlerische, nicht künstliche Gestaltung dem Kinde die erste Anleitung zu künstlerischem Verständnis geben, die ersten Keime künstlerischen Sinnes einimpfen, die um so eindringlicher wirken und um so dauerhafter sein werden, als die Puppe dem Mädchen gar tief ins Herzchen gewachsen ist und alles, was damit zusammenhängt, nicht aus seinem Gedächtnis entschwindet.

Die Mädchen lernen aber auch durch solch eine Puppe schneidern, das Anziehen und Warten der Kinder, Ordnung halten, Reinlichkeit, und sie ist, wie nichts anderes, zur Ausbildung ihres Herzens und ihres Gemütes geeignet. Ob Fischart Recht hat, daß sie das Behandeln des Angetrauten auch durch das Puppenspiel lernen, wollen wir dahin gestellt sein lassen. Aber nicht zu bezweifeln ist es, daß das Spiel mit der Puppe eine gute Schule für die Pflege alles dessen ist, was der künftigen Frau und Mutter untersteht.

Aus der biedermeierlichen Kaffeegesellschaft tritt besonders die 12 cm große Puppenstubenpuppe mit ihrer »Alice im Wunderland-Frisur« hervor. Kopf und Körper wurden in einem Stück aus feinstem mattem Porzellan gegossen.

Diese edle Puppenmutter mit blassem, fein modelliertem Gesicht entstand um 1850. Ihr unglasierter heller Porzellankopf erinnert an den weißen Marmor der Kykladeninsel Paros; daher der Name »Parian« für dieses Biskuitporzellan.

Um 1872 ließ sich diese kleine Hamburgerin im Atelier Breuning ablichten. Ihre Haartracht entspricht noch ganz dem Geschmack der 60er Jahre des vergangenen Jahrhunderts.

Linke Seite: In Philadelphia stellte der – aus Thüringen eingewanderte – Ludwig Greiner Papiermachéköpfe her, die 1858 patentiert wurden. Die 40 cm hohe Greiner-Puppe besitzt einen Leinenkörper mit Lederunterarmen und besonders breite, abfallende Schultern.

Ebenfalls aus den 70er Jahren stammt der Neorokoko-Salon aus Bronze. Der nur 65 mm hohe Schachtisch ist ein Meisterwerk der Elfenbeinschnitzkunst.

Rechts und rechte Seite: Handkolorierte Kupfertafeln aus einem Spielzeug-Musterbuch der 60er Jahre geben so detailliert die Mode jener Zeit wieder, als wären es Modestiche aus einem Journal.

Die Greiner-Puppe mit ihren rundlichen, weichen Gesichtszügen verkörpert glaubhaft eine Puppenmutter oder -köchin.

Pausbäckchen und Ringellockenfrisur verleihen der Biskuitkopf-Puppe ebenso etwas Kindliches wie die untersetzten Wachsarme und -beine. Das Puppenkind aus den 70er Jahren ist 23 cm groß.

Auf dieser Abbildung ist deutlich der Unterschied zwischen dem blassen Parian- und dem leicht getönten Biskuitkopf zu erkennen. Die vornehme englische Puppendame entstammt den 80er Jahren; sie ist 60 cm groß.

Linke Seite:
Bezeichnend für die parischen Porzellanköpfe sind die elegant mit Lüster verzierten Frisuren. Die blonde Schönheit mit den kräftigen, glasierten Unterarmen ist 46 cm lang.

Links und unten:
Vielgestaltig ließen sich deutsche Porzellanbrustköpfe glasiert oder unglasiert, schwarzhaarig oder blond, entsprechend dem Zeitgeschmack, über 50 Jahre lang immer wieder variieren.

Die Leipziger Puppendoctorin

Für die »Gartenlaube« schrieb und zeichnete Emil Schmidt 1874 über eine Puppendoktorin in Leipzig. Siehe Abbildung vorhergehende Doppelseite.

Weihnachten rückte heran. Mann und Weib steckten die Köpfe zusammen, um den nicht zu umgehenden Weihnachtsetat vorsichtig festzustellen. Kinder kosten Geld, und Puppen auch. Fünf Kinder, neben einander gestellt wie die Orgelpfeifen und außerdem die dazu gehörigen Puppen und, wie man zu sagen pflegt, was sonst noch drum und dran hängt – das wollte »reiflich überlegt sein, um es faßlich wiederzugeben« zumal die vorhandenen Puppen sich in einem hoffnungslosen Zustande befanden. Glücklich priesen wir uns daher, als wir von befreundeter Seite zu unserer Verwunderung hörten, daß in Leipzig, unserem Wohnorte, eine Puppendoctorin existire. Als mir mein Weib freudestrahlend die Nachricht brachte, daß sie die Puppendoctorin glücklich aufgefunden, begab ich mich selbst an Ort und Stelle. Als ich in's Zimmer trat, das der Leser nun im Bilde vor sich sieht, was konnte ich da anderes ausrufen, als: »Ist das ein Märchen? Hat hier eine Puppenschlacht stattgefunden und ist die kleine Frau drinnen nicht die wunderthätige Fee, welche sich der hülflosen Verwundeten und der schauderhaft zugerichteten Puppen erbarmt und ihnen Allen zu einem neuen Leben verhilft?« Und doch, eine Puppenschlacht ist hier nicht geschlagen worden, sondern es ging Alles ganz natürlich zu. Bei eingehenderer Besichtigung unseres Bildes findet man auch, daß trotz des kunterbunten Durcheinander doch vollständig Ruhe und Friede herrscht, ja aus dieser Welt im Kleinen lacht und leuchtet uns eine Unschuld entgegen, die wirklich bis in die Puppen geht. Alles, was man hier sieht, ist gewissenhaft der Wirklichkeit entnommen und mit voller Hingabe der Natur abgelauscht, ja mit solch einer Strenge und Genauigkeit, daß ich wohl die Behauptung wagen darf, daß so manche Kinderseele ihre Puppe wiedererkennen wird, vorausgesetzt, daß die mit dem Glorienscheine umgebene Weihnachts-Puppen-Auferstehung nicht die Erinnerung an die frühere traurige Hinfälligkeit des Puppenbalges überstrahlt und zu Nichte gemacht hat. Auch muß ich mich im Voraus gegen die etwa aufzustellende Ansicht verwahren, das Bild habe Uebertreibungen aufzuweisen; dies ist keineswegs der Fall, denn die auf dem Bilde nicht sichtbaren Räume der Stube waren ebenfalls dicht gedrängt von Puppeninsassen besetzt. Ja, es war sogar nebenan noch ein Zimmer und – wohin man schaute, Alles war puppenvoll und puppentoll. Und die kleine freundliche Frau? Das ist sie selbst, die Leipziger Puppendoctorin. Ja, ja, die Puppendoctorin! Und der Titel reicht nicht einmal hin, ihre Thätigkeit erschöpfend zu bezeichnen; denn unser Pudel auf dem Tische, welchem sie wieder auf die vier Beine geholfen, legt ein beredtes Zeugniß dafür ab, daß sie auch dem geliebten Vieh eine treue Helferin ist.

Die Puppendoctorin wohnte, als ich ihr meinen Besuch mit dem Skizzenbuch unter dem Arme machte, in der seitdem vom Erdboden verschwundenen Jahrhunderte alten »Schulgasse«. An einer Thür stand der Name »Schneider«. Auf mehrmaliges Anklopfen ertönte das übliche »Herein!«. Ein Blick in die Stube sagte mir, daß ich hier recht sei. Die Puppendoctorin gewährte, nachdem ich meinem Anliegen Ausdruck gegeben, dasselbe in freundlichster Weise. Ich hatte den glücklichsten Zeitpunkt gewählt: drei bis vier Wochen vor Weihnachten, und zwar im Jahre 1873. Das Geschäft war im vollsten Flor; es waren so viele Patienten da, daß sich mein Auge erst daran gewöhnen mußte, um sich zurecht zu finden.

Linke Seite: Ähnlich dem Greinerschen Puppentyp besitzt der zartgetönte Biskuitkopf runde Pausbacken umrahmt von kurzen Wellen und Schillerlocken. Die 41 cm große Puppe entspricht einem Ideal der 60er Jahre des vergangenen Jahrhunderts.

Tagelang arbeiteten wir nun zusammen – sie auf ihrem Stuhle mit der größten Ruhe und Sicherheit die schwierigsten Operationen und Wundercuren ausführend, ich, auf einem Fußbänkchen hockend, in mein Skizzenbuch Puppe an Puppe reihend.

Mein Gott, was habe ich da Alles gesehen! Wahrlich, die Curen des weltberühmten, aufgeblasenen Prahlhanses Doctor Eisenbart sind nichts dagegen. Mit mindestens gleicher Liebe, gleicher Schonung und rührender Hingebung wurden da die Puppenpatienten, einer nach dem andern, ohne Ansehen der Person und des Herkommens, ohne vorausgegangene Marktschreierei und Reclame curirt. Und die Doctorrechnung? Wahrlich, über die hatte sich Niemand zu beklagen.

Da waren Patienten, die den Kopf verloren. Nun, er wurde ihnen wieder aufgesetzt, oder es wurde der alte Balg gar mit einem neuen modernen Köpfchen geschmückt. Zerschmetterte oder zerbrochene Gliedmaßen wurden wieder geheilt oder gleichfalls durch neue ersetzt. Wer seinen Haarwuchs verloren, wurde zur Friseuse geschickt; denn unsere Wunderdoctorin mußte sich in Betreff des Haarwuchses eine Assistentin, eine Haarkünstlerin, halten. Dort wurde aus dem ruppigen Balge eine Jungfrau, die, wie es ja vorkommt, je nachdem man sie drehte, verschämt die Augen auf- oder niederschlug und »in der holden Locken goldnem Glorienglanze« dann der Dinge harrte, die da kommen sollten. Wem im Gedränge die rothen Wangen erbleichten, wer im Kampfe des Lebens runzlig geworden, wer sich die Nase abgelaufen oder eingerannt, – der Schmelz eines neuen Teints, der Wangen Milch und Blut, der Lippen Rosengluth, der Nase edle Form, kurzum die ganze Jugendfrische, das Ohrringeleinsetzen nicht zu vergessen, wurde durch die treffliche Behandlung unserer Puppendoctorin wieder zurückgezaubert. Wer die Augen nicht mehr aufschlagen konnte – ach, und deren giebt es viele – oder gar anstatt der Augen ein paar Löcher im Kopfe hatte, dem nahm sie vorsichtig den Hirnschädel auseinander, putzte die Fenster der Seele, richtete sie wieder ein oder ersetzte sie durch neue, und siehe da, der ganze Sehapparat that wieder seine gewohnte lachende Schuldigkeit. Wem der Athem, die Stimme ausgegangen, dem wurde ein neuer Odem eingeblasen, und freudigwimmernd quäkte und quikte die kleine Schreipuppe wieder ihr »Papa« und »Mama«. Ich will aufhören, all die Wundercuren aufzuzählen. Hier heißt es: Geht hin und überzeugt euch selbst!

Während unsrer Arbeit ging das Erzählen und Unterhalten herüber und hinüber, doch in eigentlichen Fluß konnte es mit dem besten Willen nicht kommen, denn – ich lüge nicht – alle fünf Minuten klopfte es, worauf natürlich ein »Herein!« und alsdann ein Besuch erfolgte.

Was kamen da alles für Menschen! Groß und Klein, Alt und Jung, Männlein und Weiblein, Arm und Reich, kurzum die ganze menschliche Gesellschaft schickte ihre Vertreter, und nur in den allerseltensten Fällen entließ die gute Frau Doctorin Jemanden ohne Hoffnung. Tag und Nacht hörte das Wundercurenthun nicht auf, denn die gemüthliche Frau repräsentirt eine ganz bedeutende Arbeitskraft; vor zwei bis drei Uhr Morgens macht sie nicht Feierabend, und das geht, mehrere Wochen vor Weihnachten beginnend, Tag für Tag so fort bis zum Feste, wo sie endlich auf den verdienten Lorbeeren ruhen und Feiertag halten kann.

Bewundernswerth ist der Scharf- und Ueberblick, mit welchem sie ihr Puppenlazareth beherrscht. Viele der Puppen waren zwar numerirt, doch die größte Anzahl entbehrte dieses Abzeichens. Dennoch kam kein Irrthum, keine Verwechselung vor. Wie ausgezeichnet und von Erfolg gekrönt ihre Curen waren, lehrt der durchaus nicht vereinzelt dastehende Fall, daß geheilte Puppen von der Empfängerin kaum oder gar nicht wiedererkannt wurden; doch man kann sich getrost auf die Gewissenhaftigkeit und den Kennerblick unsrer Puppendoctorin verlassen; denn wie eine Mutter ihr Kind, so kennt unsre Puppendoctorin genau ihre Pfleglinge. Sie weiß stets, wer sie sind, woher sie stammen und wohin sie gehören.

Auch wenn die Gartenlaube den Raum dazu übrig hätte, wer könnte sie alle darstellen, die bei jedem Besuche sich immer wieder erneuernden, anregenden und erheiternden Scenen im Puppenlazarethe? Und so scheiden wir vom Gegenstande unsrer Abbildung mit dem Wunsche, daß die Frau Puppendoctorin noch recht lange zur Freude unserer Kinderwelt ihre heitere Curanstalt bevölkert sehen möge, und mit dem schönen Gruße an alle unsere Leser: Gesunde Feiertage!

Mit anmodellierten, modisch bemalten Stiefeletten wurde der einfache, strohgestopfte Stoffkörper bereichert. Die 28 cm große Biskuitkopf-Puppe entstand um 1880.

Die ebenmäßige Schönheit des Pariankopfes wird unterstrichen durch eine hochgesteckte, mit einem Band verzierte Wellenfrisur. Haarband, Ohrgehänge und die veilchenblauen, feststehenden Glasaugen harmonieren mit der vornehmen Blässe.

Der Fantasie der Modelleure schienen keine Grenzen gesetzt zu sein, das besonders feine Porzellan gestattete eine genaue Durchzeichnung aller Wellen, Schillerlocken und Flechten.

Die 53 cm große Puppendame mit feinem Ziegenlederkörper ist hier in wollene »Promenaden-Toilette« gekleidet. Möglicherweise wurde das zweiteilige Kleid mit Doppelrock von einer versierten Hausschneiderin gefertigt.

Die umseitig abgebildeten Puppendamen in ihrer eleganten »Gesellschafts-Toilette« lassen erkennen, womit sich die kleinen Puppenmütter zu identifizieren suchten.

Die badische Küche stammt, ebenso wie die beiden 22 cm großen Biskuitkopf-Puppen, aus den 80er Jahren des vergangenen Jahrhunderts. Das sorgfältig ausgemalte Gehäuse hat eine Breite von 71 cm.

Im Kleinen ließen sich zukünftige hausfrauliche Pflichten erlernen, deshalb fehlte auch kaum ein Gebrauchsgegenstand des täglichen Lebens in den Miniaturküchen.

Etwa 20 Jahre liegen zwischen der glasierten, schwarzhaarigen Puppenstubenpuppe, die 22 cm groß ist, und der 10 cm kleinen blonden Puppe aus den 80er Jahren.

Biedermeierliche Atmosphäre ist eingefangen in einem kleinen Puppenschlafzimmer aus den 40er Jahren. Tupfenvoile, »Boullemobel«, eine in Öl gemalte Miniatur und eine 15 mm hohe Nippfigur auf der Spiegelkonsole entsprechen der Wohnkultur jener Zeit.

Seit etwa 1850 entstanden in Thüringen glasierte Badepuppen. Mit ihren angewinkelten Armen, geschlossenen Fäusten und leicht gegrätschten Beinen entsprechen sie einem stämmigen Kinderkörper. Die Puppen sind 40 und 41 cm hoch.

1874 versandte die Neustädter Firma Köhler eine Bestellung an W. Bätz in Lauscha und an Ferdinand Groß in Sonneberg einen detaillierten Auftrag über verschiedene Täuflinge.

1440 baldigst

L.G.K. 1 Kiste mit
666

L. G. Köhler

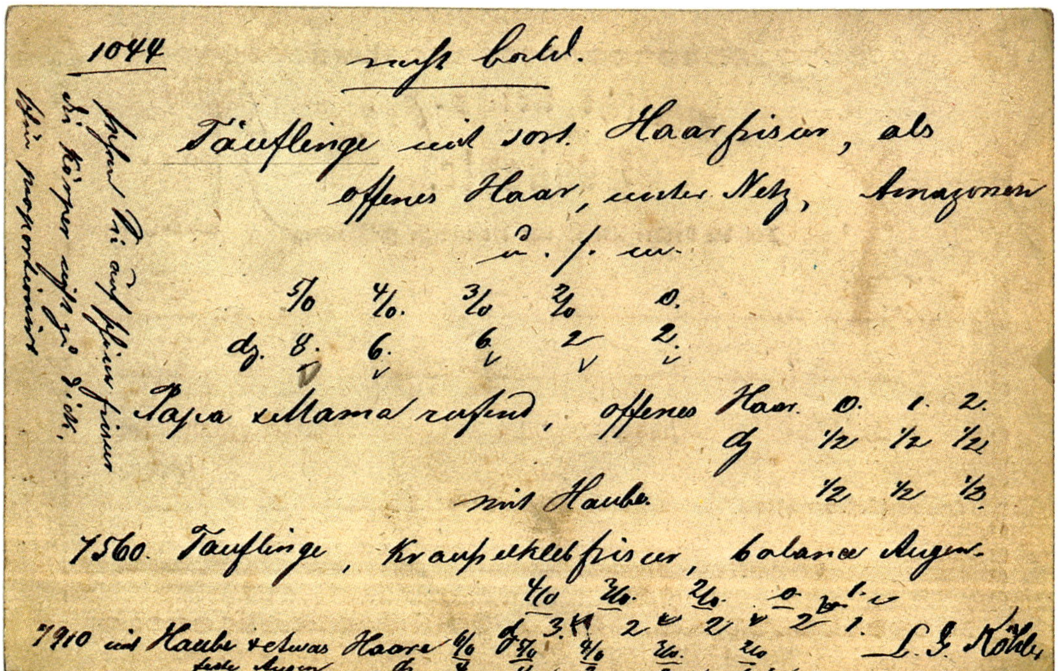

1044 recht bald.

Täuflinge mit sort. Haarfrisur, als offenes Haar, unter Netz, Amazonen u. s. w.

5/0 4/0 3/0 2/0 0.
dz. 8. 6. 6. 2 2.

Papa u. Mama rufend, offenes Haar 0. 1. 2.
dz 1/2 1/2 1/2
mit Haube 1/2 1/2 1/2

7560 Täuflinge, krausgeklebfrisur, balance Augen

7910 mit Haube + etwas Haare
feste Augen

L. G. Köhler

Der Thüringer Wald – das größte Puppenheim der Welt

Auszug aus einem Aufsatz von A. Trinius, erschienen 1893 in der Zeitschrift »Vom Fels zum Meer«.

Wie reich und vielgestaltig sich auch die Haus- und Fabrikindustrie des Thüringer Waldes allmählich entwickelt hat, wie erfinderisch ausklügelnd sie auch in nicht rastender Thätigkeit immer neue Erzeugnisse auf den Weltmarkt bringt, nichts hat sich so die Herzen von groß und klein im Sturm erobert, nichts erscheint in so liebenswürdiger, einschmeichelnder Gestaltung, als was der Thüringer Wald seit einem Jahrhundert wie aus einem schier unerschöpflichen Füllhorn an buntem, neckischem Spieltand über das Reich der Kinderwelt ausschüttet, mit hellen Augen und jubelnden Herzen, mit bewunderndem Staunen und stammelnden Dankesworten allüberall bewillkommt. Und nicht allein in der deutschen Kinderstube, im Schimmer des deutschen Weihnachtsbaumes! Allüberall, wo Kinderherzen auf der Erde schlagen, ist die Thüringer Puppe, das Thüringer Spielzeug bekannt und heimisch geworden, gleich der Ruhlaer Pfeife, der Schiefertafel, der bunten Glaskugel, der Märbel (kleine Steinkugel), den Wettergläsern, dem Porzellan und den Terrakotten, den Glasaugen und Glasperlen aus dem betriebsamen grünen Waldgebirge.

Der Thüringer Wald ist das größte Puppenheim der Welt, eine Riesenspielschachtel, aus welcher der Weihnachtsmann alljährlich auf hunderttausend lichtüberstrahlte Weihnachtstische die köstlichen, schillernden Gaben stellt. Denn wenn der alte weißbärtige Herr wirklich ein festes Heim besitzt, dessen Zugang freilich auch dem in allen Schluchten und auf allen Bergen Vertrauten immer ein Geheimnis bleiben wird, so kann dies nur allein im Thüringer Walde sein. Wenn die Waldberge ihre Hermelinmäntel umgelegt haben, die hohen Tannen unter der Last des Schnees leise nach dem Frühling seufzen, wenn alles so verwunschen stilliegt und die kalten Sterne flimmernd am nächtlichen Winterhimmel stehen, dann schreitet »Knecht Ruprecht«, der Weihnachtsmann, sacht von Dorf zu Dorf, von Ort zu Ort, und sucht und sammelt ein, den rechten Glanz dem nahenden Feste zu bringen.

Keine Industrie ist so von Poesie überhaucht als die der Puppen und Spielwaren. Ein Kind, das durch die reich ausgestatteten Musterlager der zahlreichen Fabriken einmal schreiten dürfte, würde meinen, der goldene Traum vom Märchenland sei zu greifbarer Wirklichkeit geworden, und es würde starr und stumm stehen ob all der aufgeschlossenen Herrlichkeit, dem verwirrenden Durcheinander so vieler tausend herzbethörender, augenblendender Sächelchen, bis sich endlich der Bann in stürmischem Jubel auflöste. Immer wieder würde das entzückte Auge hinfliegen über diese bunte Welt von Puppen und niedlichsten Puppenmöbeln, Wagen und Schiffen, rollenden Mäusen und hüpfenden Fröschen, singenden Vögeln und kletternden Affen, über all die fellüberzogenen Tiere, Nußknacker, Karossen, Dreh- und Würfelspiele, Soldaten und Archen Noahs, Festungen und Baukästen, Menagerien, Puppen- und Kasperltheater, Scheiben, Waffen, Helme, Eisenbahnen, über alles, was das Handwerk im Bunde mit Kunst und Wissenschaft zum fröhlichen Spiele schuf.

Die Hauptorte des Thüringer Waldes, wo Herstellung und Handel aller Spielwaren zusammenfluten, sind das meiningische Sonneberg mit dem benachbarten koburgischen Städtchen Neustadt an der Heide, sowie das gothaische Städtchen Waltershausen, das sich als eine freundliche Eingangspforte zum Thüringer Walde an den vom Schlosse Tenneberg gekrönten Burgberg anschmiegt.

Was die Ortschaften in und am Walde an Hausindustrie schaffen, in diesen drei genannten Städten sammelt es sich an, wird zum Teil noch zusammengesetzt, bemalt, verpackt, und wandert dann im Dutzend und Gros, wohlverwahrt in mächtigen Blechausgeschlagenen Kisten, über alle Meere, zu den fernsten Erdteilen.

Puppe und Spielzeug kennen keine nationalen Empfindlichkeiten, nicht Völkerhaß noch Landesgrenzsteine. Sie kümmern sich nicht um drohendes Schwertgerassel und diplomatische Vexierkunststücke. Sie wenden sich allein an unschuldige, fröhliche Kinderherzen, und so haben sie noch immer den Sieg davongetragen. Alljährlich im Spätherbst treffen die Käufer aus allen Herren Ländern in den thüringischen Fabrikstädten ein. Da werden die neuen Muster in Augenschein genommen, ausgewählt, und dann der Bedarf für das nächste Jahr bestellt, oft zu vieltausenden von Dutzenden. Von den Besuchen dieser Fremden hängt gar manchmal das Wohl und Wehe zahlloser armer Familien im Walde ab. Fielen die Bestellungen reich und glänzend aus, so gibt es Arbeit für das kommende Jahr; blieben die Käufer aus, so stellt sich dafür die Not ein, die ja als Hausbewohnerin des Waldes von jeher nicht unbekannt gewesen ist. Freilich auch in guten Jahren müssen alt und jung heran, bis in die Nacht hinein tüchtig Arme und Finger rühren, soll das Nötigste an Brot und Kleidung nicht fehlen.

So lustig und übermütig das Thüringer Waldvolk sich auch an seinen Festen, seiner Kirmse gibt, es ist ein armes Völkchen, dessen einzigen Reichtum sein Liederschatz, seine herzinnige Freude am Wald ausmacht. Der Wettkampf in Handel und Gewerbe drückt immer mehr die Preise herunter, und so bleibt nur ein sehr schmaler Erlös, zu dem sich dann noch der Ertrag des Streifens Kartoffelland und das dürre Holz, das an Lesetagen der Wald bietet, gesellt. Aber das Völkchen ist genügsam und zufrieden, solange es sich noch satt essen kann und ihm in seinen alten Gewohnheiten und Charaktereigenschaften so manches durch die Finger gesehen wird.

Unter den Erzeugnissen der Spielwarenindustrie marschiert die Puppe voran. Sie vor allem setzt vieltausend Hände in der Fabrik und daheim im Hause in Bewegung. So einfach sie erscheint, so mannigfache Arbeitskräfte sind an ihr thätig, so verschiedene Berufszweige stellen sich in ihren Dienst. Gerade für die Hausindustrie ist sie im gewissen Sinn ein Segen geworden, weil ihre Zusammensetzung es ermöglicht, daß auch bereits noch nicht schulpflichtige Kinder auf Kosten ihrer goldenen Freizeit mit zum Erwerb herangezogen werden können, sei es auch nur mit wenigen Pfennigen täglich. Der bekannte Thüringer Kinderreichtum läßt dann schon ein kleines Sümmchen zusammenfließen.

Millionen von Puppen werden alljährlich im Thüringer Walde geboren, von dem schlichtesten »Täufling« mit grob geschnitztem Holzkopf bis zur raffiniertesten, süßen, kleinen Modedame, welche laufen, sich setzen und alle Glieder mit Anmut bewegen kann, sie singt, mit Anstand Milch trinkt und wieder von sich gibt, die mittelst kunstfertig angebrachten Grammophons ihr Abendgebet plappert, »gute Nacht, Papa! gute Nacht, Mama!« schnarrt und dann gähnend die Augen zum Schlafe schließt. Aber selbst die einfachste Puppe ist heutzutage ein kleines Kunstwerk, ein Wunderding an Geschmack und Liebreiz gegen das, was noch vor einigen Jahrzehnten der Kinderwelt dargeboten wurde. Vor allem aber ist die Thüringer Puppe unendlich billig! So angenehm diese Eigenschaft auch auf den Käufer wirken mag, sie wird doch nur erkauft durch niedrige Arbeitslöhne, durch den Umstand, daß die ganze Familie bis zum Kleinsten dafür thätig sein muß. Mitwirkend für die billige Herstellung ist auch die rein mechanische Arbeitseinteilung, welche jeder Hand nur eine ganz bestimmte Thätigkeit zuweist. Dieses öde Einerlei erzeugt mit der Zeit eine solche Dressur der Hand, des Blickes, der Geschicklichkeit, daß man nur so die oft geradezu verblüffende Fixigkeit in der tagsüber erzielten Herstellung oft Tausender von Einzelteilen einer Puppe begreifen kann.

Es gibt ganze Walddörfer, die nur Köpfe, Arme, Beine und Gelenkteile schnitzeln und formen. Der Hirte an der Bergwand inmitten der käuenden Herde, der Chausseegelderheber im einsamen Waldhause, der Alte, der sich auf den Steinstufen der Hausthüre behaglich sonnt, sie und noch viele andre helfen dabei mit. Die Frauen nähen Lederbälge; die kleinsten Kinder wenden dieselben – eine mühsame, knifflige Arbeit! – bis in die äußersten Fingerspitzen um – das Dutzend für zwei Pfennig. Größere Kinder füllen die Bälge mit Sägespänen. Der Sohn taucht mechanisch Kopf für Kopf, Bein für Bein, Arm für Arm in eine fleischfarbene, dünnbreiige Tunke, Tag auf Tag, Woche auf Woche, das ganze Jahr hindurch. Mechanisch reiht er sie dann in niedrigen Holzkästen aneinander, die nun rings um den auch im Sommer zuweilen geheizten Kachelofen in Gestellen aufgetürmt werden oder wohl auch auf den Fensterbrettern, längs der Hausfront und des Gartenzaunes, im Sonnenschein als eigentümlicher Schmuck prangen.

Sind die mit Fleischfarbe gesättigten Köpfe trocken, so tritt der Künstler in seine Rechte. Gewöhnlich ist auch hier alles auf geteilte Arbeit eingerichtet, um die Fertigstellung zu beschleunigen. Da ist der eine auf kühn geschwungene Augenbrauen gedrillt; ein andrer malt die Augen, ein dritter Kirschenlippen und rote Wangengrübchen, ein vierter zaubert zwei Reihen weiß schimmernder Zähnchen zwischen die schwellenden Lippen.

Da sitzen Frauen und nähen Hemdchen und Wickelkissen, stricken Strümpfe in allen Formen und Farben; wieder andre fertigen korbweise die niedlichen Goldkäferschuhe an.

An jedem Sonnabend kommen dann im Winter und Sommer Männer und Frauen mit den hochbeladenen Schiebkarren aus dem Gebirge zur Stadt hinab, den Fleiß ihrer Hände abzuliefern, abzurechnen und neue Aufträge entgegenzunehmen. Vom Morgen bis in die späte Nacht hinein hat die ganze Familie emsig zum Erwerb des Notwendigsten mitgeholfen, und wie schmal will uns der Wochenlohn trotzdem bedünken!

In den geräumigen Fabriksälen der Stadt greift nun neue Arbeit ein, die Puppe immer mehr zu vervollständigen. Da werden die einzelnen Glieder durch Kugelgelenke verbunden, welche der Puppe alle dem Menschenkörper abgelauschten Bewegungen möglich machen. Tressiererinnen haben inzwischen vollständige Perücken, dem Menschenhaar täuschend ähnlich, hergestellt. Nun kommen die Puppenköpfe in den Saal, wo an langem Tisch Mädchen sitzen, welche die Perücken den Köpfen aufkleben, um dann mittelst des Kammes und zehn spitzer, geschickter Finger das Puppenhaupt höchst kunstvoll zu frisieren, fast jede in einer andern Mode. Und da diese Haarkünstlerinnen ihre Fertigkeit erst unter sich am eigenen Haar erproben müssen, so ähneln sie in den meisten Fällen selbst solchen sauber frisierten Puppenköpfen.

Arme, Beine und Kopf werden nun am Balg befestigt; die Puppe wird angezogen oder muß sich auch mit Hemd und Goldkäferschuhen begnügen. Es ist dies die gangbarste Art, die unter dem Namen »Täufling« in die Welt geht, nachdem sie noch mit buntseidenen Bändern kreuzweise verschnürt in einem sauberen, in der Buchbinderei der Fabrik angefertigten Karton eingesargt worden ist.

Damit ist aber die Zahl der verschiedensten Thätigkeitsformen, welche zur Fertigstellung einer Puppe nötig sind, noch lange nicht erschöpft.

Daß natürlich in solch einer Fabrikstadt auch die »Presse« nicht ganz unbeteiligt ist und in gewissem Sinne, sei es auch nur im Annoncenteil, die Industrie wiederspiegelt, ist selbstverständlich. Da werden dann fast in jeder Nummer Männer und Frauen, Mädchen und Burschen zum Malen, Schreinern, Lackieren, Tressieren und Frisieren, zum Ausbalgen, Stopfen, Kleben, Einschachteln und Verpacken gesucht.

Noch vieles wäre hier anzuführen, was in das Gebiet der Spielwaren gehört oder doch zum Ergötzen der Kinderwelt in dem Thüringer Walde geschaffen wird: die reizenden, naturwahren Thonfiguren von Hirschen, Rehen, Füchsen, Hasen, von Hausgetier aller Art.

Wie oft waren diese bunten Sächelchen, all der liebenswürdige Tand Zeugen bitterer Not, tiefen Harmes? So manche Thrane, mancher Seufzer begleitete das Entstehen einer Puppe. Aber diese will nichts davon erzählen, wenn sie als Liebling in den Armen des kleinen Mütterchens ruht. Mit roten, vollen Bäckchen schaut sie die Kleine an und lächelt, während der Tannenbaum im Schimmer heller Kerzen festlich das behaglich durchwärmte Zimmer erleuchtet, und aus den dunklen, harzduftenden Zweigen leise und doch vernehmbar alte selige Jugendträume hervorschweben, die das Herz so tief bewegen und die keiner wieder vergißt, wenn auch Alter und Sorgen ihm das Haar bleichten.

Denn sie bedeuten die Erinnerung an die reinsten und schönsten Tage eines Menschenlebens.

Ein Bleistiftvermerk an der Innenseite des glasierten Kopfes bestätigt den Eindruck »bought in 1863«, während der kräftige Lederkörper mit den rosa Biskuitarmen vermutlich den 80er Jahren entstammt. Die Puppe ist 60 cm groß.

Die Mittelscheitelfrisur mit kurzen, enganliegenden Schillerlocken, der Lederkörper mit Wespentaille und breiten Schultern ist kennzeichnend für die 60er Jahre. Die Biskuitkopf-Puppe hat eine Länge von 54 cm.

Der glasierte, schwarzhaarige Kopf entspricht mit seiner Frisur und dem runden, pausbäckigen Gesicht dem Biskuitkopf auf der Abbildung oben. Der Leinenkörper der 44 cm großen Puppe besitzt aber glasierte Unterarme und -beine mit anmodellierten Stiefeletten.

Eine Seltenheit bei diesem Puppentyp mit glasiertem Porzellankopf sind grau gemalte Haare und Augen. Die 32 cm große Puppe entstand um 1865.

Die 20 cm kleine Puppenstubenpuppe mit glasiertem Schulterkopf wurde seit den 70er Jahren des vorigen Jahrhunderts bis etwa 1915 in vielen Größen und Serien produziert.

Um 1880 entstand die reich ausgestattete Puppenküche. Die aufgedruckten Ornamente entsprechen der damals beliebten Brandmalerei. Das bemalte Holzgehäuse hat eine Breite von 77 cm.

Glasierte Puppenköpfe mit zarter Augenbrauenlinie, roten Lidstrichen, wohlgeformtem Mund und stark abfallenden Schultern entstanden meist vor 1870.

Das meisterhaft bemalte, großflächige Gesicht, die naturgetreuen Wellenscheitel und Schillerlokken mit eingearbeiteter Schleife zeichnen die 50 cm große Puppe aus der Zeit des Rokoko aus.

Fleiß und Not in Sonneberg

Auszug aus der »Beschreibung der durch ihren Welthandel berühmten Stadt Sonneberg« von Heinrich Christoph Hensoldt, 1845 in Nürnberg erschienen.

Ueber die Zeit des Entstehens der oberländischen Gewerbsthätigkeit und des dadurch begründeten Handels fehlen alle bestimmte Nachrichten und die Urkunden der hiesigen Stadt schweigen hierüber gänzlich. Der Ursprung dieser Industrie ist wohl in jene Zeiten zurück zu versetzen, wo das Lichten der Wälder begann; Ueberfluß an Holz war die Ursache der Errichtung von Pechsiedereien und Kienrußhütten, denen Eisenhämmer, Glashütten und Porzellanfabriken nachfolgten.

Als die Zeit kam, verfielen die Pechhütten und Kienrußbrennereien und an deren Stelle traten Schusser- und Massemühlen, manche Gewerbe (z. B. Brieftaschenmacher), welche die auswärtige Konkurrenz nicht aushalten oder andere, welche die auf ihre Erzeugnisse gelegten hohen Zölle (z. B. Weißgerber, Schwarzblecharbeiter), nicht ertragen konnten, gingen ein und andere, besser lohnende, kamen dafür auf. Die alten unzierlich geformten Spielwaaren wurden durch schönere, den jetzigen gesteigerten Anforderungen entsprechende Gegenstände, verdrängt und das Handwerk streift jetzt sehr häufig an das Gebiet der Kunst.

Zeichnet sich die hiesige Industrie gegen andere Fabrikate, auch nicht durch übergroße Summen aus, die umgesetzt werden, so hat sie dafür den Vorzug, daß der rohe Stoff, den sie zur Verarbeitung bedarf, meistens im Lande sich befindet, daß Maschinen dabei nicht anwendbar sind, und dennoch der größte Theil des Erlößes für die verfertigten Waaren rein verdienter Arbeitslohn ist.

Außer der Stadt Sonneberg nehmen an der Verfertigung von Handelsartikeln Antheil, die benachbarten Ortschafften: Steinach, Lauscha, Steinheide, Hämmern, Judenbach, Neuenbau, Neufang, Hüttengrund, Forschengereuth, Mengersgereuth, Theuern, Köppelsdorf, Haselbach, Jagdshof und Rauenstein, sowie die Stadt Schalkau, und es werden außerdem im Verwaltungsamtsbezirk Sonneberg wenig Dörfer seyn, wo nicht einzelne Familien anzutreffen sind, die entweder ihren vollständigen Unterhalt oder einen austräglichen Nebenverdienst durch Hervorbringung von Waaren für den Handel sich erwerben. Versendet werden gegenwärtig von hier folgende Fabrikate der hiesigen Stadt und deren Umgegend.

Kinderspielwaaren: von Holz, Papiermâché, Leder, Blech, Messing, Zinn, Porzellan und Glas in unendlicher Mannichfaltigkeit.

Holzwaaren: Schachteln und Schubkästen zu vielerlei Gebrauch und darnach bestimmten Formen und Größen, Bretchen und Rähmchen zum Aufwickeln von Bändern, Damenbreter, Nadelbüchsen, Handfeuerspritzen, Späne für Buchbinder und Schuhmacher, Resonanzbodenholz etc.

Drehorgeln: in verschiedenen Gattungen, von den geringen Sorten zum Abrichten der Vögel an, bis zu denjenigen, die man auf Jahrmarkten und Messen so häufig hört.

Steinwaaren: Schiefertafeln in Rahmen, Schiefergriffel, Wetz-, Schleif- und Polirsteine, Schusser, ordinäre graue, farbige, bemalte, vergoldete und porzellanene.

Glaswaaren: Medizingläser, Flacons, Glasperlen, Glasschmelz etc.

Porzellanwaaren: Pfeifenköpfe, weiße, vergoldete, und bemalte, Kaffee-, Tafel- und Küchengeschirr etc.

Nägel: schwarze, verzinnte und messingne; wovon auf hiesiger Stadtwaage jährlich an 30,000 Zentner gewogen werden und der Stadtkasse für Waag- und Schleifgeld eine reine Einnahme von nahe an 2000 fl. abwerfen. Füglich kann man noch annehmen, daß außer der benannten Quantität von 30,000 Zentnern, noch 10,000 Zentner Waaren verladen werden, ohne zur Stadtwaage gebracht worden zu seyn, wodurch sich die jetzige Ausfuhr auf ca 40,000 Zentner jährlich herausstellt.

Die hiesige Kaufmannschafft beschränkt sich auch nicht blos auf den Absatz der hier und in der Umgegend erzeugten Fabrikate, sondern besorgt auch Aufträge auf auswärtige Artickel und wird auf diese Art ein gar nicht unbeträchtlicher Zwischenhandel mit nürnberger, seiffener, berchtesgadener und andern Waaren getrieben. Die Bedeutung, welche ehedem die Messen für den Geschäfftsverkehr hatten, besteht schon seit geraumer Zeit nicht mehr und obgleich von hier aus die Messen zu Frankfurt a. M., Leipzig, Braunschweig, Kassel und Frankfurt a. d. O. noch besucht werden, so bildet doch den bei weitem wichtigern Theil des hiesigen Kommerziums der Kommissionshandel, welcher die Erzeugnisse des oberländischen Gewerbfleißes in alle Himmelsgegenden unter zivilisirten und unzivilisirten Völkern verbreitet.

Zu gemeinschafftlichen Unternehmungen über die See besteht seit einem Jahre eine Handelsgesellschafft hier, unter der Firma: Handelsverein, welche korporative Rechte erworben und bis jetzt mit Thätigkeit und nicht ohne günstigen Erfolg ihre Operationen betrieben hat.

Die gegenwärtig existirenden Handlungshäuser in Sonneberg sind folgende: Bauersachs und Siegling; Joh. Friedrich Bischoff und Söhne; Hermann und Bernhard Diez; Jacob Diez und Sohn; Ernst und Karl Dressel; Martin Friedrich Dressel; Georg Escher und Sohn; Joh. Georg Escher sen.; Theodor Escher; Friedr. Wilh. Engelhardt; Andreas Fleischmann; Joh. Paul Fleischmann; Karl Hartwig; Gebrüder Heubach; Joh. Christoph Lindner; Louis und Eduard Lindner; Nikolaus Lützelberger; Oswald Metzler Sohn; Nikolaus Motschmann; Christian Gottfr. Müller und Sohn; Müller und Straßburger; Friedr. Heinrich Schneegaß; Gotthelf Schubert; Konrad Stark; Christian Walthers Erben.

Die vorstehende schätzbare Nachricht über die hiesigen Industrie- und Handelsverhältnisse verdanken wir der Güte eines in dieselben tief einblickenden, kenntnißreichen Freundes und fügen denselben noch folgende, darauf Bezug habende Notizen hinzu.

Der hiesige Handel beschäfftigt direkt eine nicht unbedeutende Volksmenge, deren Gewerbe, Familien- und Kopfzahl wir in alphabetischer Ordnung aufführen, wie sie am Schluß des Jahrs 1840 im Oberlande vorhanden waren.

Bandmacher	1 Familie	4 Köpfe
Bossirer	44 Familien	224 Köpfe
Büttner	63 Familien	326 Köpfe
Chemiker	2 Familien	6 Köpfe
Dockenmacher	31 Familien	139 Köpfe
Drechsler und Holzschnitzer	264 Familien	1416 Köpfe
Einbinder	7 Familien	42 Köpfe
Flaschner	11 Familien	53 Köpfe
Friseurs	1 Familie	3 Köpfe
Glasfabriken und Glaskünstler	90 Familien	480 Köpfe
Geigenmacher	12 Familien	58 Köpfe
Gürtler	5 Familien	34 Köpfe
Holzmaler	38 Familien	186 Köpfe
Märbelmüller	10 Familien	46 Köpfe
Märbelpicker	41 Familien	182 Köpfe
Nagelschmide	31 Familien	160 Köpfe
Orgelmacher	6 Familien	31 Köpfe
Papiermâchéarbeiter	111 Familien	527 Köpfe
Porzellanfabrikanten	72 Familien	372 Köpfe
Porzellanmaler	105 Familien	517 Köpfe
Schachtelmacher	100 Familien	518 Köpfe
Schreiner	78 Familien	413 Köpfe
Schusterspänmacher	10 Familien	48 Köpfe
Stein-, Griffel- und Schiefertafelmacher	110 Familien	550 Köpfe
Trommelmacher	4 Familien	21 Köpfe
Wägeleinsmacher	6 Familien	34 Köpfe

Rechnen wir dazu noch 44 Kaufmannsfamilien mit 248 Köpfen, mit Ausschluß derer, die nicht in hiesigen Manufakturwaaren Geschäffte machen, so haben wir 1297 Familien mit 6638 Köpfen, die direkt von der Industrie und dem aus dieser entsprungenem Handel leben. Beide gehen Hand in Hand einher und müssen einander halten, oder mit einander fallen und untergehen.

Ein Theil der Kaufleute würde vielleicht, wie er behauptet, ohne die oberländische Industrie auch noch fortbestehen und mit ausländischen Industrieerzeugnissen die Geschäffte fortsetzen, die schon jetzt nicht unbedeutende Gegenstände seiner Versendungen sind und seyn müssen, um bei dem außerordentlich erweiterten Geschäfftskreis die Anfragen darnach zu befriedigen und dadurch zugleich dem hiesigen Welthandel im Auslande die Achtung zu sichern, die er sich bereits in einem hohen Grade erworben;

auch ist das in der That um so nothwendiger, weil mehre der früher sehr gesuchten oberländischen Industrieerzeugnisse weniger Nachfrage haben, ja nur noch ins Schlepptau genommen werden müssen.

Aber ob auch dieser Theil der hiesigen Kaufleute mit Ausschluß der inländischen Manufakturn noch die glänzenden Geschäffte machen würde, deren er sich jetzt zu erfreuen hat, steht sehr im Zweifel, sowie auch die kaufmännische Existenz überhaupt, da die sogenannten sonneberger Waaren im Ganzen doch der Hauptgegenstand der Versendungen, und durch das übermäßige Angebot so billig anzuschaffen sind, als keine andern Manufakturartikel.

Wir finden im 7. Abschnitt daß außer Landleuten, Dienstboten und andern, ohne bestimmtes Gewerbe lebenden Personen, im Oberlande noch 8165 Gewerbtreibende leben, von welchen aber wenigstens Zweidrittheile ebenfalls weder Arbeit noch Brod haben würden, wenn die hiesige Industrie zu Grund ginge, daher verrechnet man sich nicht, wenn man als Minimum die Anzal der von Industrie und Handel lebenden Personen des Oberlandes auf 12000 annimmt, oder die Hälfte der ganzen Bevölkerung.

Wem könnte entgehen, daß die Existenz dieser 12000 Menschen auf einem Boden wurzelt, dem Eise im Frühjahr gleich, das immer dünner wird, woran aber die ersten Ansiedler in den hiesigen Urwaldungen gewiß ebensowenig gedacht haben, als die jetzigen Zerstörer des großen amerikanischen Urwaldes, deren Nachkommen dasselbe Schicksal erwartet.

Wie sonderbar wird es diesen dann auch vorkommen, wenn dereinst bei ihnen ein Gesetz über die Untersuchung und Bestrafung der Forstvergehen erscheint, nach welchem ihnen, wenn sie auf demselben Boden, wo ihre Vorfahren Millionen von Riesenbäumen durch Axt, Säge und Feuer verwusteten, einen Peitschenstecken, Gehstock, Rechenstiel, Reitgerte, oder etwas Besenreissig, im Werth von 1 bis 15 Kreuzern abschneiden, nächst dem Erlaß des Schadens, schon eine Strafe von einem bis zwei Tagen Gefängniß harret; bei einem Werthe des entwendeten Gegenstandes von 3 fl. 30 kr. bis 5 fl. aber gar zwei bis drei Wochen.

An der dünnen Eisscholle, worauf diese 12000 Menschen des Oberlandes leben, ist jedes unvorsichtige Rütteln eine höchst gefährliche Sache, selbst dann, wenn es in der besten Absicht geschehen sollte; indem man nicht Herr über die Verhältnisse ist, die das Bersten des spröden Grundes herbeiführen.

Offenbar sind der Hände jetzt zuviel, die für den hiesigen Handel arbeiten, die Märkte werden mit den Waaren überschwemmt, daher die Herabdrückung der Preise und die sich immer mehrende Verarmung unter den Arbeitern, die nicht durch Erhöhung der Schnitz- und Schachtelholzpreise zu heben ist, welche nie der Kaufmann und immer nur der Arbeiter als neue drückende Steuer bezalen muß; sondern nur durch neu aufzusuchende Märkte, hauptsächlich aber dadurch gehemmt werden kann, wenn die Industrie auf neue Handelsartikel raffinirt, diesen ihre Thätigkeit zuwendet, besonders aber den theilweise schon glücklich eingeschlagenen Weg höherer künstlerischer Vervollkommnung ihrer Erzeugnisse mit Ausdauer verfolgt.

Es liegt im Interesse der Kaufmannschaft, die erste Aufgabe zu lösen und die Lösung der zweiten zu fördern, auch ist sie damit keineswegs säumig; letzteres hat aber fast mehr Schwierigkeiten als das erste, denn es gilt da Vorurtheile und tiefgewurzelte alte Gewohnheiten zu besiegen, was beinah ebenso schwer hält, als bei dem Zunftmonopol die einmal hoch hinaufgeschraubten Preise der nothwendigsten Lebensbedürfnisse wieder herabzubringen.

Diesen endlosen Monopolleiden und den großen Druck Konsumtionsabgaben fühlen die Fabrikarbeiter der Waldortschafften, wie die mittlere und ärmere Volksklasse in der Stadt, am meisten und sind darum schlimmer daran als der Taglöhner und Handwerker in Dörfern wo blos Ackerbau getrieben wird.

Zwar geht der Landmann äußerst sparsam mit dem baaren Geld um und lohnt seinen Taglöhner sehr gering; dagegen nimmt er es mit den Lebensmitteln nicht so genau. Er sättigt seinen Arbeiter mit nahrhafter Kost, läßt ihm Kartoffel-, Kraut- und Flachsfeld um ein billiges ab und es wäscht da, dem Sprichwort nach, immer eine Hand die andere. Ganz anders verhält sich's mit den armen Industriearbeitern in den Waldortschafften. Sie verdienen zwar mehr an baarem Geld, müssen aber alle Lebensbedürfnisse theuer kaufen, wenn sie nicht so glücklich sind, etwas Kartoffelfeld und soviel

Waldwiesen zu besitzen, um eine Ziege oder Kuh zu ernähren, und dieses glückliche Loos ist nur wenigen gefallen.

Es dürfte für manchen schwelgerischen Großstädter, der nicht weiß, wie er seine Zeit loswerden soll, eine heilsame Belehrung seyn, einmal so einen Waldort zu besuchen und zu sehen, wie so viele Menschen sich abmühen müssen, um sich und die Ihrigen vor dem Hunger zu schützen, der in grinsender Gestalt täglich an ihren Hütten lauert.

Schon in den frühesten Morgenstunden fände ein solcher Besucher die kleinen Fenster in einem Waldort alle beleuchtet und hörte die Drehbänke an denselben schnurren. Er trete näher an ein Fenster heran, so sieht er in dem engen Stubenraum bei der spärlichen Beleuchtung von einem brennenden Span, einer Oellampe, oder einem dünnen Kreuzerlichtlein, eine Menge großer und kleiner Hände beschäfftigt, die mit Gewandheit hölzerne Puppenglieder; von dem Vater, oder den erwachsenen Söhnen abgedreht, vollends ausschnitzen, Papiermasse in Gipsformen drücken, Schusterspäne reißen, Schachtelholz zurichten, Griffel schaben, und dergl. Arbeiten mehr vollbringen.

Noch graut der Tag nicht, oder doch kaum, so erscheint auf dem Tische eine große Schüssel mit dampfenden Kartoffeln hoch angefüllt. Ein erfreulicher Anblick für Groß und Klein, denn diese Kartoffelschüssel ist jahraus jahrein der Preis, um welchen alle Hände der Familien ringen. Fleisch gehört zu den Sonn- und Feiertagsspeisen und da wird es nur in schmalen Portionen, z. B. 1/2 Pfd. für eine ganze Familie, angeschafft. Die, welche wöchentlich auch noch ein- und zweimal Fleisch genießen, werden schon zu den wohlhabenden gezält.

Auch Brod gehört noch mit unter die höhern Genüsse dieser armen Leute und so wie man gewöhnlich anderwärts Butter zum Brode ißt, wird bei diesen Brod zu Kartoffeln genossen.

Den Kaffe dürfen wir nicht vergessen, der die Stelle der Suppe und des Fleisches bei dem Hauptmahl, den Kartoffeln, vertreten muß; aber welch ein Kaffe! Auf 15 Bohnen 16 Tassen, wie man den Thüringern und Sachsen im Scherz nachredet. Die Waldbewohner nennen das Getränk auch nur »Brühe«; das aber tausendmal besser und in dieser Gestalt auch um vieles wohlfeiler ist als der schreckliche Brandwein.

So geht die Arbeit die ganze Woche hindurch fort und die Leute dürfen sich dabei sozusagen, nicht umsehen, denn eine Drechslerfamilie, in der Mann und Frau und Kinder arbeiten, muß in einer Woche 90 Dutzend Posthörnchen liefern, und löste dafür am Sonnabend vor 4 oder 5 Jahren noch höchstens 3 fl.

Jetzt wird noch weniger bezalt und vor 6 oder 7 Monaten konnten die armen Drechsler und Schnitzer ihre Waaren gar nicht anbringen und mußten sie hier und in Neustadt zum großen Theil bei Bäckern und Metzgern einsetzen, oder versetzen, um nur etwas Lebensmittel für den Sonntag mit nachhaus zu bringen, denn der Handel stockte, die Waarenmagazine der Kaufleute waren überfüllt und es bedurfte nur noch eine kurze Andauer dieses trostlosen Zustandes, so würde in den Waldortschaften allgemeine Hungersnoth ausgebrochen seyn. Aber die Vorsehung erhörte das Flehen der Armen, der Waarenbegehr fand sich wieder ein und die drohende Krisis wurde für dießmal glücklich beseitigt.

Merkwürdig ist die hohe Verwerthung des Holzes bei den Schnitzern und Drechslern. Eine solche Familie fertigt durchschnittlich in einem Jahr 4680 Dutzend Posthörnchen und verdient damit 156 fl. Hierzu braucht sie eine Klafter feines Fichtenholz zu 100 Kubikfuß wirklicher Holzmasse und einen Fichtenstamm von 30 Kubikfuß. Die ganze Holzmasse ist daher 130 Kubikfuß und 1 Kubikfuß wird folglich auf 1 fl. 12 kr. die Klafter auf 102 fl. verarbeitet, der gedachte Fichtenstamm auf 36 fl.

Die 264 Schnitzer- und Drechslerfamilien verarbeiten im Jahr hiernach 34320 Kubikfuß Holz, zalen dem Staat dafür, den Kubikfuß zu 5 kr. angenommen, 2860 fl. und verarbeiten diese Holzmasse zu einem Werth von 41184 fl. also um 1440 pCt. des Einkaufpreises. – Und wie frugal müssen diese Leute leben, um nur zu leben! Ohne die Kartoffelfrucht wäre das unmöglich.

Eine Familie von 5 Köpfen braucht aber auch in den Waldortschafften jährlich wenigstens 40 Säcke von dieser Frucht, jeden zu 2 4/5 bis 3 franz. Kubikfuß Inhalt, und glücklich ist so eine Familie, die diesen Bedarf selbst baut, wozu sie einen Acker Waldboden braucht, den sie aber erst aufroden und 20 bis 40 fl. an die Domainenkasse dafür bezalen muß, worauf dann nicht blos Steuer, sondern auch Dominikallasten, (Erbzins- und Handlohn), gelegt werden, oder das Kaufgeld wird um die Ablösungssumme der letztern erhöht.

Das hält man für einerlei, irrt aber darin sich doch wohl ziemlich stark. Denn wenn z. B. 40 fl. für einen Acker bezalt werden, das Handlohn zu 5 pCt. und wie gebräuchlich, alle 20 Jahre ein Handlohnanfall gerechnet wird, so ist der Anfall jährlich $1/10$ fl., am Schluß des 20. Jahres aber 2 fl.; bei der Ablösung wird aber der jährliche Durchschnittsanfall mit 25 multiplizirt, das Produkt für das Ablösungskapital angenommen und zum Kaufgeld addirt. In unserm Beispiel betragen $1/40 \times 25 = 2 1/2$ fl. welche gleich mitbezalt werden müssen. Rechnet man von dieser Vorauszalung 20 Jahre hindurch Zins auf Zins zu 4 pCt., so beträgt sie am Schluß des 20. Jahrs 5 fl. $28 1/2$ fr., mithin über $2 3/4$ mal soviel, als man dann erst zu entrichten schuldig seyn würde. Kommen noch Erbzinsen dazu, so wird die Zuvielzalung noch größer.

Indessen wird im Oberland seit einigen Jahren blos noch im Nothfall und zu Bauplätzen Waldboden käuflich abgelassen; außerdem nur dann, wenn diejenigen, die ein Stück verlangen, eine doppelt große, zum Arrondissement der Domainenwaldung gelegene Fläche, als Tauschgegenstand dafür bieten können.

Wir bezweifeln nicht, daß bei der immer steigenden Bevölkerung es dringend nothwendig ist, die Waldbodenfläche nicht weiter zu vermindern, dürfen aber auch hoffen, daß die 4333 Klaftern Brennholz, welche bisher an die beiden Eisenwerke Obersteinach und Augustenthal in Folge der bei ihrer Entstehung eingegangenen Verpflichtungen jährlich abgegeben werden mußten, nun, da diese beiden Werke der Staat an sich gekauft und in wissenschaftlich geregelten Betrieb genommen hat, bei weitem nicht mehr gebraucht werden, und ohnediß verscheuchen ja hauptsächlich die bei Neuhaus eröffneten reichhaltigen Kohlengruben alle ängstliche Besorgniß wegen Mangel an Brennholz auf eine lange Reihe von Jahren und unsere Holzdrechsler, Schnitzer, Schachtelmacher, Glas- und Porzellanfabrikanten können daher wenigsten noch auf ihre Lebenszeit darüber unbesorgt seyn, daß es ihnen an Holz fehlen werde.

Wir haben die mancherlei Behältnisse, die auf das Leben und Wirken der Industriearbeiter des Oberlandes so bedeutenden Einfluß äußern, deswegen aufgeführt, weil die Arbeiter die Grundlage des Handels sind, sowie umgekehrt dieser wieder das Lebensprinzip jener ist; nun wollen wir aber auch noch ein Bild von der Entstehung und dem frühern Zustand des hiesigen Handels kurz entwerfen.

Ohne Zweifel ist Nürnberg als die Mutter desselben zu betrachten und hat ohne es zu wollen, den Impuls zu seiner Entstehung gegeben. Seine Kaufleute zogen noch früher als zur Zeit der Hansa mit ihren Waaren über Fürth am Berg, (wo die einzige Furth über den Steinachfluß ging), hierher in das Städtchen Rotin, wo sie sich wahrscheinlich vorbereiteten, auf den hohen Berg nach dem uralten Dörfchen Neufang zu gelangen, von wo aus sie, der Sage nach, den Weg auf den höchsten Bergrücken nach Steinheid zu auf dem Rennsteig, auf diesem aber weiter bis Altenstein im Walde fortsetzten, um nach Niedersachsen zu gelangen.

Es mag bis bei der damaligen Straßenunsicherheit keine leichte Aufgabe gewesen seyn und mancherlei Vorbereitungen erfordert haben und hierzu bot das Städtchen Rotin wohl die besten Hülfsmittel dar. Man konnte hier das auf dem Wege von Nürnberg bis dahin beschädigte Fuhrwerk ausbessern, den Pferdebeschlag befestigen oder erneuern, mit bewaffneter Begleitung und Lebensmitteln zu der weiten beschwerlichen Reise sich versehen. Das gab Gelegenheit genug, mit den nürnberger Reisenden aufs genauste bekannt zu werden und es ist nicht unwahrscheinlich, daß zu jener frühern Zeit schon die ersten Keime der hiesigen Industrie gelegt wurden, deren Früchte anfänglich wohl nur roh gewesen seyn mögen, indem die Sage berichtet, daß Stiefelknechte, Kochlöffel, Backmulden, Salzfäßer und dergl. hölzernes Geräthe, die ersten Artickel des hiesigen Gewerbfleisses gewesen seyen, welche von den Nürnbergern als Rückladung gekauft und eingehandelt wurden.

Später, als die große Handelsstraße nach Leipzig die bequemere Richtung über Oberlind, Malmerz, Steinbach, Judenbach und Gräfenthal nahm, mag der unmittelbare Verkehr der Reisenden und Fuhrleute mit Rotin sich geändert und abgenommen, der mittelbare durch die vermehrte und verbesserte Schnitzerei von Holzwaaren aber zugenommen haben, die auch mit Ausnahme des we-

Rechte Seite:
Die gut erhaltene Garderobe, der fein gearbeitete Ziegenlederkörper und der besonders zart getönte Porzellankopf dieser 33 cm großen Biedermeierpuppe sind selten.

nigen, was in der hiesigen Gegend selbst davon umgesetzt wurde, lediglich durch den nürnberger Handel und unter dem Namen dortiger Artickel ihre Reise durch die Welt machten.

Bevor die Straßenräuber und Buschklepper, oder Strauchritter, mehr in Schranken gehalten werden konnten, durften einzelne unternehmende Köpfe, so sehr sie es auch wünschten, doch keine Handelsreisen vorzunehmen wagen und Nürnberg behielt daher den Ankauf und Vertrieb der hiesigen Holzwaaren Jahrhunderte hindurch in den Händen, weil die Hansa allein im Stande war, die Waarenzüge und Reisenden der ihrem Bunde einverleibten Städte durch hinreichende bewaffnete Begleitung zu schützen. Daß aber die Strauchritter jener Zeit auch in der hiesigen Gegend sehr thätig waren und die nürnberger Waarenzüge bedenklich beunruhigt haben mögen, darauf deutet die vor wenigen Jahren noch aus dem Munde alter hiesiger Einwohner hervorgegangene Sage, daß die Nürnberger sich die größte Mühe gegeben hätten, den Muckberg käuflich zu erlangen, um auf demselben eine starke Festung zum Schutz ihrer Waarenzüge zu erbauen; es sey ihnen aber nicht gestattet worden, obgleich sie sich erboten hätten, die ganze Tafelfläche dieses Bergs in Form eines Kreuzes mit Laubthalern, (es mag wohl eine andere Art von Thalern gewesen seyn), als Kaufgeld zu belegen.

Vielleicht sind es kaum 200 Jahre, seitdem der hiesige Handel nach und nach sich vom nürnberger emanzipirte und es mag das wohl sehr langsam gegangen seyn. Einzelne Unternehmer wagten sich anfänglich mit Waaren, die sie auf dem Rücken trugen, oder auf Schubkarren fuhren, zuerst in die umliegenden Gegenden als Hausirer, dann aber auch in entferntere Orte auf Märkte und Messen. Der errungene Gewinn trieb sie zu größern Unternehmungen und ihr Beispiel spornte mehre zu ähnlichen Gechäfften an. Viel jünger aber ist die Zeit, seitdem sich der Handel in wissenschafftlichen Formen bewegt, die unsere Vorfahren nicht achteten, weil sie ihrer nicht bedurften und als gut routinirte Verkäufer der damals auf den deutschen Messen noch sehr gesuchten hiesigen Waaren gewinnreiche Geschäffte machten. Ihr Lebenspfad war eine vergnügte Wanderfahrt von einer Messe auf die andere, doch für viele, besonders Anfänger, die ihre Messereisen zu Fuß machten, nicht ohne Anstrengung, die aber bald zur Gewohnheit und durch mancherlei lustige Reiseabentheuer wieder ausgeglichen wurde. Wer es endlich so weit gebracht hatte, die Reisen mit einem eigenen Pferde reitend, oder mit einem Wägelchen machen zu können, hielt sich für geborgen und war es auch.

Das war die romantische Periode der hiesigen Kaufleute und erst vor wenig Jahren sind die letzten Veteranen derselben zu ihren Vätern abgerufen worden. Sie erzälten uns manchen lustigen Schwank aus ihrem bewegten Leben und beklagten oft den jetzt gar zu schnellen Umschwung des Zeitenrades und das Auftauchen so vieler neuen, ihnen unbequemen Verhältnisse, besonders daß der Kaufmann wie ein Staatsdiener, den ganzen Tag im Büreau eingekerkert seyn und seine Lebenszeit verschreiben, dabei so Vielerlei lernen müße, was früher ganz unnöthig und doch mehr verdient worden sey als bei dem jetzigen rastlosen Treiben am Schreibpult.

Indessen machte die unwiderstehliche Gewalt der Zeit auch hier ihre Rechte geltend und die Kaufleute waren klug genug, zu begreifen, daß es gerathener sey, ihren Anforderungen zu genügen, als unterzugehen. Was sie selbst nicht verstanden, mußten ihre Söhne lernen, die deshalb nach Nürnberg und andern berühmten Handelsplätzen in die Lehre geschickt wurden, später auch Reisen nach Frankreich, England, Spanien, Schweden, Rußland, Holland und Nordamerika machen, neue Handelsverbindungen anknüpfen und sich zu tüchtigen Kaufleuten ausbilden mußten. Daß dieses Streben aber reichliche Früchte getragen, beweist am besten der rasche Aufschwung des hiesigen Handels selbst. Die frühern engen Schranken des bloßen Messenverkehrs hat er längst übersprungen, den Weg über den Ocean gefunden, und ist zum weit ausgebreiteten Welthandel geworden, was im Auslande schon lange her, im Innlande neuester Zeit endlich auch nach und nach anerkannt wird.

In der Gegenüberstellung der beiden Porzellanköpfe wird erkennbar, um wieviel charaktervoller der frühe linke Schulterkopf gegenüber dem Ausdruck der Puppe aus den 80er Jahren ist.

Die ausgearbeitete Mittelscheitelfrisur läuft – entsprechend der Mode der 50er Jahre – auf dem Hinterkopf in großen Flechten zusammen. Die 32 cm große Puppe besitzt einen groben Leinenkörper.

Die kleine Puppenmutter in süddeutscher Tracht trägt, entsprechend dem Zeitgeschmack der Jahrhundertwende, eine hochgekämmte Knotenfrisur – ein seltener glasierter Puppenkopf.

Diese 22,5 cm große Biedermeierpuppe besitzt einen einfachen schlanken Holzkörper (wie bei den Grödner-Puppen). Ein Stiftmechanismus gibt Armen und Beinen Beweglichkeit.

Die Puppenmutter trägt eine charakteristische Biedermeierfrisur mit weichen, über die Ohren fließenden Wellen. Obwohl der kleine Junge nur 12,5 cm groß ist, besitzt auch er ein fein modelliertes und bemaltes Köpfchen.

Knaben sind im Reich der Puppen eine Rarität, möglicherweise konnten kleine Mädchen sich mit Puppendamen besser identifizieren und spielen. Der 38 cm große Junge mit abgewetztem Samtanzug stammt aus der Zeit um 1850.

Ende der 40er Jahre führte die Länge der Expositionszeit immer noch leicht zu Bewegungsunschärfen. Aus diesem Grunde läßt sich auf der Daguerreotypie die Puppe nicht genau erkennen.

Glasierte Porzellan-Brustköpfe mit schwarzen, anmodellierten Haaren wurden etwa achtzig Jahre lang hergestellt. Erst bei genauer Betrachtung werden die feinen Unterschiede, entsprechend dem Zeitgeschmack, erkennbar. Die abgebildeten Puppen entstanden in der Zeit zwischen 1850 und 1870.

Blonde Biskuitschulterkopf-Puppen waren besonders in den 80er Jahren populär. Alle drei hier abgebildeten Puppen zeichnen sich durch feine spitzenverzierte Baumwollgarderobe aus. Die kleinen Schwestern sind 21 cm groß, während die junge Dame mit reichgeschmücktem Blumenhut 30 cm lang ist.

Die Kartenbestellung und Bestellmarke wurden 1874 an die Firma Hermann Neumeister in Sonneberg versandt.

Die auf der vorigen Doppelseite abgebildete Biedermeierpuppe kann die Augendeckel heben und senken, indem man einen Draht, der in Taillenhöhe aus dem Stoffkörper tritt, herauszieht oder hineinschiebt. Dieser wachsierte Puppentyp wurde vorwiegend für England produziert. Die Puppe mit den Schillerlocken aus echtem Haar ist 72 cm groß.

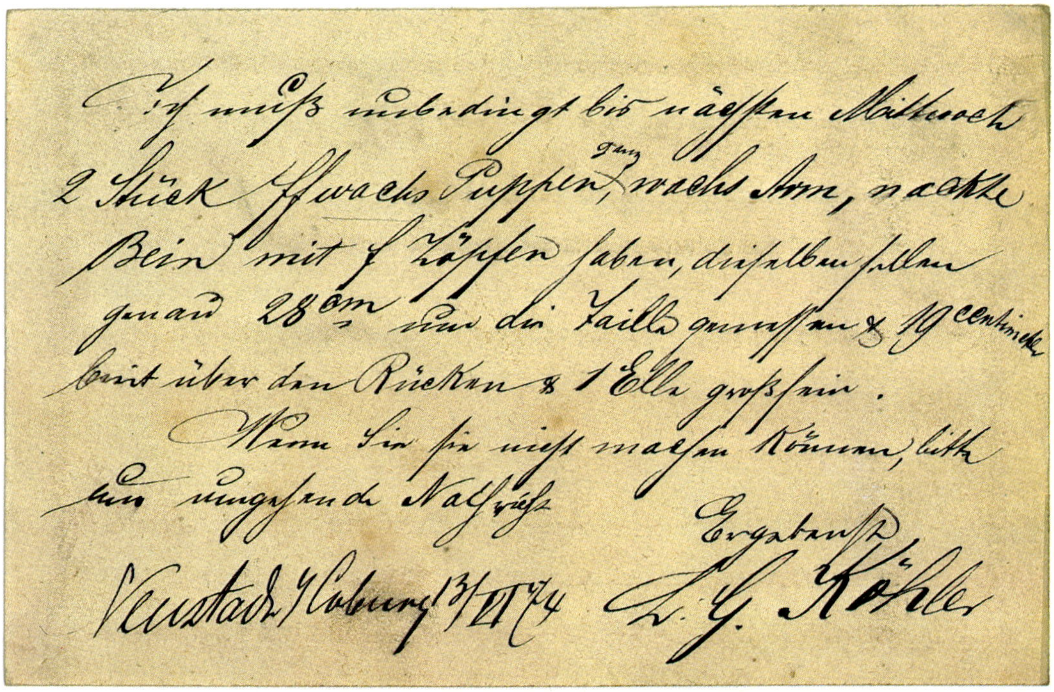

Ich muß unbedingt bis nächsten Mittwoch
2 Stück Schwachs Puppen ganz wachs Arm, nackte
Bein mit Zöpfen haben, dieselben sollen
genau 28 cm um die Taille gemessen & 19 centimeter
breit über den Rücken & 1 Elle groß sein.
Wenn Sie sie nicht machen können, bitte
um umgehende Nachricht
Ergebenst
Neustadt / Coburg 13/IV 74 L. G. Köhler

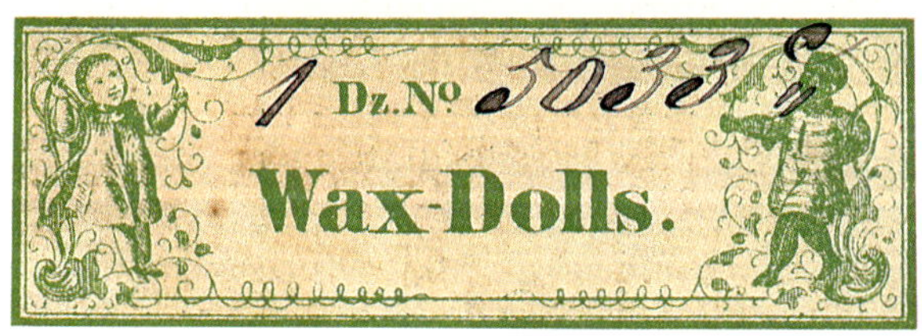

Wie Heinrich Stier die Wachspuppen aus Amerika einführt

Auszug aus einem Bericht der 1889 in »Das Neue Universum« erschien.

Der Erfinder der Wachspuppe ist der noch jetzt in Coburg als Privatmann lebende, um die Sonneberger Industrie in hohem Grade verdiente Herr Heinrich Stier.

Derselbe kam vor etwa 38 Jahren nach Amerika, wo ihn die Vollkommenheit, mit der dort Blumen aus Wachs angefertigt wurden, auf die Idee brachte, Puppenköpfe aus diesem Material herzustellen. Seine ersten Versuche scheiterten an der Unvollkommenheit der damaligen Modellierkunst und an den hohen Arbeitslöhnen.

Mit den gesammelten Erfahrungen begab er sich hierauf nach Sonneberg zurück und errichtete dort die erste Wachspuppenfabrik. Die Erlaubnis dazu mußte er sich beim Staatsministerium in Meiningen erwirken, da die Sonneberger Innungen die Anlage nicht zugeben wollten. Schon nach wenig Jahren waren seine Wachsköpfe in den Spielwarenläden der ganzen Welt zu finden.

Bei der Fabrikation der Wachspuppen unterscheidet man zweierlei Arten:
1) Wachspuppen, welche so hergestellt werden, daß man die rohen Papiermaché-Köpfe und teilweise auch die Glieder der Puppen mit Fleischfarbe anstreicht und dann mittels Eintauchens in die geschmolzene Wachskomposition mit derselben überzieht.
2) Wachsmodellpuppen, welche so hergestellt werden, daß die fleischfarbig gefärbte Wachskomposition in Formen gegossen wird und dann erst eine Einlage von Papiermaché, Gips und dergleichen erhält, um die erzielten Köpfe und Glieder haltbar zu machen. Letztere Sorte ist die schönste, aber auch im Verhältnis die teuerste. Der Preis der Wachspuppen wechselt zwischen 50 Pfennig und 2–300 Mark das Dutzend.

Der Fabrikpreis von Puppen mit schon feinen Köpfen ist aber 20 Mark, es gibt jedoch auch Puppen zu 100 Mark und darüber. Die Leiber der Puppen werden von gewöhnlichem Leinwandstoff hergestellt.

Puppenköpfe ganz aus Wachskomposition herzustellen ist nicht thunlich, weil sie dann zum zerbrechlichsten Spielzeug würden, es müssen daher die Wachspuppenköpfe eine feste Unterlage von Papiermaché Gips etc. erhalten. Da nun aber diese festen Körper von der Kälte weniger zusammengezogen werden als die Wachskomposition, so kommt es bei entretender großer Kälte vor, daß die Wachskomposition sich so sehr zusammenzieht, daß sie die Oberfläche der festen Unterlage nicht mehr zu überziehen vermag und dann Risse bekommt, was zur Folge hat, daß die Puppen unansehnlich werden.

Die Fabrikanten hatten also die Aufgabe, die Komposition so geschmeidig herzustellen, daß sie bei großer Kälte nicht zerspringt. Diese Aufgabe ist auch gelöst worden und ist kein Geheimnis mehr.

Die Kehrseite ist aber diese, daß die Komposition, je mehr sie Kälte vertragen kann, desto leichter von großer Wärme angegriffen wird. Es kommt vor, daß Puppen, welche große Kälte vertragen, beim Eintritt großer Wärme von der festen Unterlage abfließen. Doch gilt das nur bei abnormen Witterungsverhältnissen.

Jedenfalls darf man sie also im Winter nicht in Räumen liegen lassen, die dem Frost ausgesetzt sind, noch mehr muß man sich aber hüten, daß sie zu nahe an den Ofen gebracht werden.

Sonneberg ist einer der größten Mittelpunkte der Puppenfabrikation, und es erreicht der Wert der Ausfuhr nach den Vereinigten Staaten jährlich den Betrag von etwa 600 000 Mark.

Kopf und Schulter der 47 cm großen Puppe sind mit einem Wachsüberzug versehen. Charakteristisch für die um 1845 entstandene Puppe sind die dunklen, irislosen Glasaugen und farbige Lederunterarme.

Die kleine Köchin trägt über einer Innenrolle aus echtem Haar ein modisches Haarnetz mit Spitzenbesatz. Die sogenannte »Kürbiskopf-Puppe« ist 38 cm lang.

Die knopfartig wirkenden Augen geben diesem Puppentyp einen vorwitzigen, neugierigen, staunenden oder lächelnden Gesichtsausdruck. Die ehemals nach Amerika versandte Puppe ist 29 cm groß.

Die »Pumpkin Dolls« (engl. Kürbis-Puppen) aus den Jahren um 1860–1870 sind im Aufbau sehr ähnlich. Allen gemeinsam ist der stroh- oder seegrasgefüllte Stoffkörper und der bewachste Papiermachékopf mit feststehenden, mandelförmigen Glasaugen. Unterarme und -beine sind teils aus Mischmasse oder bei der rechten, 65 cm großen, aus Holz gedrechselt und geschnitzt.

Die Farblithographie »Die Wachspuppe wird eingekauft«, nach einer Zeichnung von Tony Schumacher, erschien 1885 in »Lottchen und Gertrud«.

Die achtzigjährige Wachspuppe

Der Aufsatz von Thekla von Gumpert erschien 1896 in »Herzblättchens Zeitvertreib«.

Ich muß aber erst von mir selbst reden. Der liebe Gott hat mir ein hohes Alter geschenkt. Ich bin jetzt, da wir 1896 schreiben, schon sechsundachtzig Jahre alt.

Als ich sechs Jahre alt war, bekam ich zu Weihnachten eine sehr hübsche, kleine Wachspuppe. Dieselbe feierte also zu Weihnachten 1896 ihren achtzigsten Geburtstag.

Vor achtzig Jahren sahen Wachspuppen ganz anders aus als jetzt. Der Kopf, die Beinchen und Ärmchen waren wirklich ganz aus Wachs angefertigt; aber der Leib war aus einem feinen Stoff genäht und mit Kleie gefüllt.

Von der achtzigjährigen Wachspuppe habe ich noch den Kopf, die Beinchen und Ärmchen: nur der Leib, der, wie gesagt, nichts war als ein mit Kleie gefülltes, genähtes Säckchen, ist längst zerrissen.

Ich erinnere mich genau des Weihnachtsabends, an welchem ich die reizende Puppe erhielt; sie hatte ein kurzes Röckchen an, das nur den Leib umschloß, und saß auf einem niedlichen Stuhl.

Wie allerliebst sahen die nackten Wachsbeinchen aus, an denen die Zehen deutlich zu sehen waren, und wie nett die Ärmchen mit den feinen Händen und Fingerchen. Ich habe mich unbeschreiblich über diese Puppe gefreut!

Als es Zeit war, zu Bett zu gehen, nahm ich das schöne Geschöpfchen mit in die Schlafstube und stellte den kleinen Stuhl, auf dem es saß, auf einen Tisch, der in der Mitte der Stube stand. Am liebsten wäre ich gar nicht zu Bett gegangen; doch ich wurde nicht gefragt, sondern entkleidet, und obgleich ich nicht müde war, mußte ich zur Ruhe gehen.

Als das Licht fortgenommen war, schlief ich auch bald ein.

In der Nacht erwachte ich durch leises Knabbern. Ich erkannte den Ton; denn ich hatte ihn schon mehrmals gehört. Es kam zuweilen ein Mäuschen und knabberte am Weißbrot, das auf dem Tisch liegengeblieben war, oder an irgendeinem eßbaren Gegenstand.

Mich störte das nicht; denn ich hatte Mäuse sehr gern und fütterte sie oft. In der Schlafstube hinter dem Ofen war ein Mäuseloch, ganz versteckt, das man nicht erreichen konnte.

Ich schob aber mit meinem Spielzeug, einer Schaufel, Brotkrumen hinter den Ofen, eine Speise, welche sich die hübschen Tierchen immer wegholten.

Als ich in jener Weihnacht ein Mäuschen knabbern hörte, dachte ich mit Vergnügen an dasselbe und schlief bald wieder ein. – Aber der Schreck am nächsten Morgen! – Als ich aufstand, lief ich gleich zu meiner reizenden Puppe; sie war von ihrem Stuhl herabgefallen, lag auf dem Gesicht, und ich sah, daß die Maus ihr am Hinterkopf und am Genick etwas Wachs abgeknabbert hatte. Der Schaden war unbedeutend, und ich war froh, daß die Puppe auf dem Gesicht lag und die naschhafte Maus ihr nicht die Nase abgeknabbert hatte.

Ja, froh war ich darüber; aber ich hatte ein schlechtes Gewissen: Ich machte mir Vorwürfe – und mit Recht –, daß ich die schöne Wachspuppe nicht in mein Schränkchen statt frei auf den Tisch gestellt hatte. Ich hatte ein Schränkchen mit Fächern zum Spielzeug und machte der Wachspuppe nun eilig ein Fach als Wohnstube zurecht. Da hatte sie es gut, dahin kam keine Maus; denn ich machte die Schranktür immer fest zu, wenn ich aufhörte zu spielen.

Thekla v. Gumpert (42/5 ff.)

Wachsgußköpfe mit ihrer hautähnlichen Oberfläche weisen selten die charakteristischen Sprünge der bewachsten Puppenköpfe auf.

Das mollige Gesicht mit den Pausbacken besitzt leuchtende, mundgeblasene, veilchenblaue Glasaugen.

Entsprechend der Mode der frühen 70er Jahre ist das sorgfältig gearbeitete Seidentaftkleid mit Volants und Schärpengürtel versehen. Die kleinen Knüpfstiefeletten sind aus grauem Waschleder gearbeitet. Die gut erhaltene Puppe ist 39 cm groß.

Folgende Doppelseite: Sehr naturalistisch wirkt die linke 53 cm große Puppe, mit dem gegossenen Brustblattkopf und den Wachsarmen und -beinen, während der wachstierte Papiermaché-kopf der 68 cm großen Puppe, mit den strahlend blauen Augen eher dem idealisierten Bild der 80er Jahre entspricht.

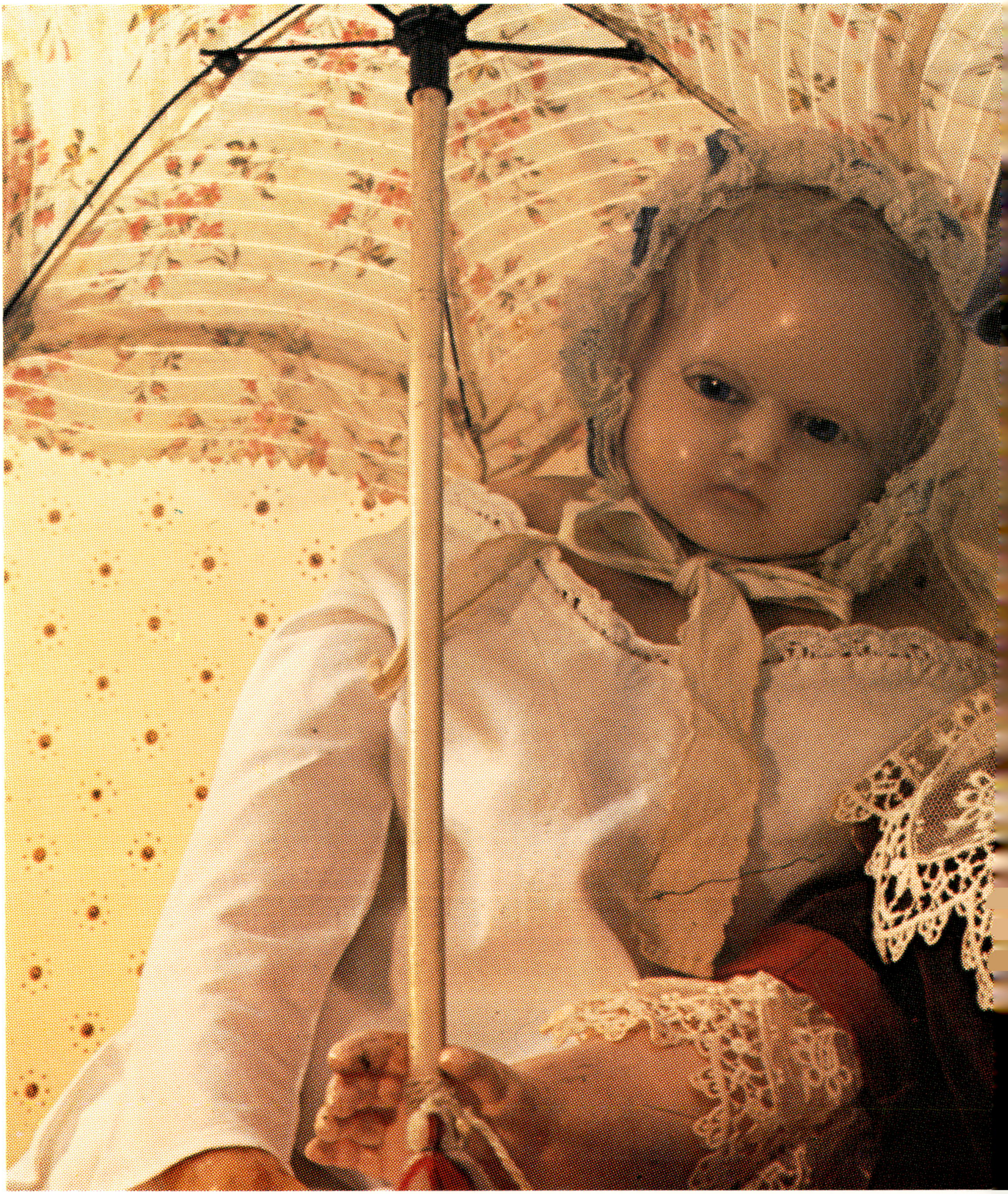

Das Sonneberger Privilegium

Auszug aus der wirtschaftlichen Studie von Dr. Emanuel Sax »Die Hausindustrie in Thüringen« aus dem Jahre 1885.

Das Sonneberger Privilegium war nicht gerade in günstiger Stunde verliehen worden; noch im selben Jahre brach die französische Revolution aus, deren Verlauf alsbald ganz Europa in Mitleidenschaft zog. Dadurch ward die Wirksamkeit des Monopols für die nächste Zeit paralysirt. Die napoleonischen Kriege und die Continentalsperre lähmten den inneren und vernichteten den äusseren Handel; die harten Douanengesetze des Kaiserreichs bewirkten die fast vollständige Ausschliessung der Sonneberger Waaren von ihren ehemaligen Hauptstapelplätzen Bremen, Hamburg, Lübeck; die commercielle Zerfahrenheit Deutschland, sowie die in verschiedenen deutschen Staaten aus fiskalischen und politischen Gründen stark erhöhten Consumzölle vollendeten das traurige Bild. Es sank der Waarenversandt Michaelis 1812 bis dahin 1815 um fast die Hälfte gegen das Jahr 1810/11, welches selbst schon ungünstig genug gewesen war; er betrug nur noch 5179 $^1/_2$ Ctr. Aber schon im Juni 1814 wendete sich das Blatt, und von da ab blieb der Sonneberger Handel in fast beständiger, seit dem Zollverein beschleunigter Zunahme begriffen, welche durch Krisen unterbrochen, aber nicht dauernd gehemmt werden konnte.

Mit der Ausdehnung und Befestigung des Großhandels wuchs der Hass der Bevölkerung gegen das Privilegium, durch welches der Gewerbefleiss im Oberland an eine sich verringernde Zahl von Handlungshäusern gefesselt war, andererseits zeigte die Kaufmannschaft nicht die mindeste Neigung, ihr seitdem so einträglich gewordenes Monopol freiwillig aufzugeben. Es gelang ihr, aus den Stürmen des Jahres 1848 das Privilegium in die ruhigere Zeit hinüberzuretten, nur musste sie sich, wie wir gesehen haben, eine Erneuerung des Verbots des gleichzeitigen Fabrikbetriebs gefallen lassen. Schon früher hatte ein Mitglied der Kaufmannschaft den Versuch gemacht, eine Spielwaaren-Manufaktur in Sonneberg einzurichten, aber eine feindliche Volksdemonstration im Revolutionsjahre zwang ihn, das Fabrikgeschäft wieder aufzugeben. Bald darauf tauchte in Sonneberg ein Artikel auf, dessen fabrikmässige Herstellung so vortheilhaft schien, dass jenes Verbot den Kaufleuten doppelt unerträglich wurde. Dieser Artikel waren die Schreipuppen oder »Täuflinge«, d. s. Puppen in Hemdchen und Häubchen und durch Druck auf die Brust schreiend. Angeblich chinesischen Ursprungs, waren diese Täuflinge zuerst auf der Londoner Weltausstellung (1852) gesehen und von dort nach Waltershausen gebracht worden; alsbald nach Sonneberg verpflanzt, sind sie der Hauptartikel der dortigen Industrie geworden und beschäftigen heute fast so viel Personen wie alle anderen Spielwaarengewerbe zusammen. In ihnen war endlich ein günstiger Stapelartikel gegeben, und sofort begann die Kaufmannschaft ihren Sturmlauf wider das fatale Verbot. Nach wiederholten Verhandlungen kam ein Statuten-Entwurf zu Stande, welcher an Stelle des alten Privilegs treten sollte. Das Statut vom 9. Januar 1858, welches sich jetzt lediglich auf den Handel mit »Sonneberger Waaren« beschränkte und insofern einen Fortschritt bedeutete gegen das Privilegium von 1789, war in allen übrigen noch ausschliesslicher und eigensüchtiger im Interesse der Kaufmannschaft abgefasst; die arbeiterfreundlichen Bestimmungen des altes Statuts, welche freilich niemals praktisch gewesen, hier waren sie alle sorgfältig ausgemerzt, insbesondere der famosen Verpflichtung ein Jahres-Produktionsquantum auf Lager zu kaufen, mit keiner Silbe gedacht. Was aber das fragliche Verbot betrifft, so wurde es in Parenthesi aufgehoben. Es bestimmte nämlich § 7 des Statuten-Entwurfs: »Der gleichzeitige Betrieb einer Fabrik mit dem Grosshandel ist nur ausnahmsweise auf Grund besonderer Concession und nach erfolgter Aufnahme des Inhabers in die Kaufmannschaft zulässig. Die Concession soll aber dann nicht versagt werden, u. s. w.« Als aber das Statut der Herzoglichen Sanktion unterbreitet werden sollte, da wurde das Staatsministerium wieder bedenklich und zögerte mit der Vorlage. Vergebens drängte der Handelsstand zur Entscheidung, das Ministerium gab ausweichende Antworten, bis schliesslich der privilegirten Kaufmannschaft die Geduld ausging und sie lieber auf das ganze Privilegium verzichten zu wollen erklärte. »Einstimmig heisst es in dem angezogenen Verwaltungs-Amts-Berichte vom 2. Oktober 1859, ward der Wunsch zu erkennen gegeben, dass das grosse Privileg gänzlich hinwegfallen und der Grosshandel freigegeben, dagegen aber auch alle Beschränkungen aufgehoben werden möchten, welche dem Grosshandel und der Produktion für den Grosshandel noch engegenstehen. Insbesondere sollte die Bestimmung fallen, wornach kein Kaufmann zugleich Fabrikant sein durfte, desgleichen die das Ergreifen des Bossirer-Handwerks erschwerenden Vorschriften über das Bestehen einer Lehr- und Gesellenzeit.« Der Sonneberger Handelsstand habe die Gewerbefreiheit am wenigsten zu fürchten. Er werde, um sich alle Vortheile zu verschaffen und jeder Concurrenz begegnen zu können, nur darauf bedacht sein dürfen, für die hauptsächlichsten Artikel gleichfalls Fabrikant zu werden, und es werde sich in nicht zu langer Zeit entschieden herausstellen, auf wessen Seite sich der grössere Vortheil befinde.

So trotzig sprachen die Kaufleute wohl nur, weil sie selber die Unmöglichkeiten erkannten, ihr längst veraltetes Monopol noch länger aufrecht zu halten; die Strömungen auf dem gewerbepolitischen Gebiete führten damals zu deutlich zur Gewerbefreiheit. Noch im selben Jahre begannen die Verhandlungen der Thüringischen Staaten wegen gemeinsamer Regelung der Gewerbeverhältnisse, und durch Gesetze vom Jahre 1862 wurde die Gewerbefreiheit in Thüringen zum rechtlichen Princip erhoben.

Sofort begannen die Kaufleute mit der Einrichtung von Manufakturen vorzugehen, d. h. sie liessen die gangbarsten, dem Modewechsel am wenigsten unterworfenen Massenartikel, also vor allem die Täuflinge, in geschlossenen Arbeitsräumen durch einheitlich organisirte Lohnarbeiter unter Aufsicht von Werkmeistern massenhaft herstellen. Das Anlagecapital ist auch jetzt nicht gross, es besteht zumeist in dem benöthigten Arbeitssaal und in einer Anzahl von Modellen und Abgüssen; von Arbeits- oder gar Kraftmaschinen ist in der Spielwaaren-Industrie noch nicht die Rede. Durch das Uebergewicht des Grosscapitals und durch verständigere Gestaltung des Produktionsprocesses üben diese Spielwaaren-Manufakturen eine erdrückende Concurrenz gegenüber den capitalsarmen kleinen Hausindustriellen und winden ihnen einen »besten Artikel« nach dem anderen aus der Hand. Die gesunkenen Preise der letzten Jahre und die niedrigen Löhne in der Hausindustrie haben es einigen Fabrikkaufleuten vortheilhafter erscheinen lassen, die Manufaktur wieder aufzulassen und zum alten Commissionsgeschäfte zurückzukehren; trotzdem wird man sagen müssen, dass die Zukunft dem Manufaktur-Betrieb gehört, während die hausindustrielle Kleinbetriebsform sich bei solchen Artikeln halten wird, welche entweder einem raschen Modeverbrauch unterliegen, ohne in Massen begehrt zu werden, oder die eine besondere Sorgfalt und Kunstfertigkeit erfordern, überhaupt alle Artikel, welche individuell behandelt sein wollen. Im Jahre 1880 gab es in Sonneberg 48 Exportgeschäfte und 321 Spielwaarengewerbs-Betriebe. Davon wurden betrieben (nach einer Mittheilung des Magistrats):

ohne oder mit 1–4 Gehilfen	5–9 Gehilfen	10–19 Gehilfen	20 Gehilfen und darüber	Gesammtzahl der Betriebe
273	24	15	9	321

Die 9 grössten Betriebe beschäftigten zusammen 380 Personen, es trafen also im Durchschnitt rund 42 Arbeiter auf jede Manufaktur. Man wird aber die Betriebe mit 10–19 Gehilfen nicht mehr als hausindustrielle bezeichnen können, sondern wird sie als kleine Manufakturen ansehen müssen, so dass man eigentlich von 24 Manufakturen in Sonneberg sprechen müsste. Seit 1880 sind übrigens 2 neue grosse Fabriken gebaut und eröffnet worden.

Der Sonneberger Handelsstand, der heute gegen 50 Mitglieder zählt, bildet nicht mehr die gleichartige Gesellschaft von ehedem, sondern setzt sich aus deutlich verschiedenen Elementen zusammen. Den angesehensten und capitalmächtigsten Theil bilden die alten Firmen aus der Zeit des Privilegiums. Sie haben meist ihr festes Absatzgebiet von den Vorfahren ererbt und suchen es gegen den Ansturm der jüngeren Concurrenten zu wahren. Neben ihnen spielen die wenigen Fabrikanten, denen es auf die Dauer gelungen ist, sich als Selbsthändler zu behaupten, keine hervorragende Rolle; sie sind aber bemerkenswerth, weil sie unter der Kaufmannschaft das gewerbetechnische Element vertreten. Die meisten Kaufleute besitzen keine Vorstellung vom Produktionsprocess, sondern bloss eine Waarenkenntniss, welche sie auf dem Waarenlager sich aneignen; das gilt ganz besonders von der jüngeren Generation, deren theoretische und praktische Ausbildung fast allein auf das Kaufmännische gerichtet ist. Die Söhne der Grosshändler besuchen zuerst die Realschule in Sonneberg, gehen dann auf ein Jahr in die Handelsschule, genügen der Militärpflicht als Einjährig-Freiwillige und ziehen ins Ausland. Von Alters her ist dieses ins Ausland gehen üblich in Sonneberg, und zwar geht der Sohn gewöhnlich in die Länder, wo sein Vater »hinarbeitet«. Dort tritt er bei einem Geschäftsfreund ins Comtoir, bleibt eine Zeit und kehrt schliesslich als fertiger Mann zurück. Von nun ab verbringt er seine Tage im Comtoir, seine Abende in der »Erholung«; Producent und Produktion bleiben ihm fremd und unverständlich.

Ein drittes Element macht sich besonders seit den 70er Jahren unter der Kaufmannschaft geltend, es sind das die jüngsten und rührigsten, vielleich auch scrupellosesten Geschäfte, die in günstiger Conjunktur meist von Commis aus grösseren Handlungshäusern begründet, den alten Firmen energische Concurrenz bieten. Von 51 im Jahre 1881 bestehenden Firmen waren seit Anfang der 70er Jahre neu entstanden zwanzig! wie gewinnbringend aber und wenig gefährlich der Spielwaaren-Export trotz der nahezu verdoppelten Concurrenz (man denke noch an Neustadt, Waltershausen) und trotz der grossen Handelskrise geblieben ist, mag man daraus ersehen, dass kein Geschäft fallirt hat und dass die Mehrzahl der jüngeren Firmen, die mit nichts beginnen, nach wenigen Jahren stolze Villen baut und Fabriken anlegt. In Waltershausen, wo für den vorherrschenden Manufakturbetrieb ein grösseres Capital erfordert wird, bleibt die Zahl der Handlungen ziemlich gleich, es wachsen aber die bestehenden; dagegen in Sonneberg kommt es vor, dass sich Commissionsgeschäfte mit 5–10,000 M. aufthun. Man kann sagen, dass durch diese an Capitalien schwachen, aber um so energischeren und gewandteren Kaufleute die Sonneberger Handlung von Grund aus revolutionirt worden ist. Früher war das Messgeschäft überwiegend, man bezog die wichtigsten Messorte mit Waarenlager und blieb gleich Wochen lang dort liegen. Heute wird nur noch die Leipziger Frühjahrsmesse von den meisten Kaufleuten besucht, aber niemals mit Waarenlager, sondern mit Musterkarten. Man fährt zur Messe, weniger um Geschäfte zu machen, als um sich über den Stand der Handlung im Allgemeinen zu unterrichten, Geschäftsfreunde zu treffen u. s. w. An die Stelle der Messen ist die Reclame getreten und vor allem der Reisende, welcher weit wirksamer die Nachfrage aufzuspüren und mit dem Angebote zu vereinigen versteht. Die Länder des Sonneberger Exports – und das sind alle Länder der civilisirten und uncivilisirten Erde – werden nicht gleichmässig bereist, es giebt da mancherlei Abstufungen. Deutschland wird durchwegs bereist, bis in die kleinsten Orte dringt der Commis-Voyageur und sucht selbst den unbedeutendsten Detaillisten in seinem Kramladen auf. In England beschränkt man sich auf die grösseren Orte, daneben besitzen die bedeutenderen Exportfirmen ständige Agenten mit wohl assortirten Musterzimmern in London und Liverpool. Die Amerikaner kommen regelmässig selbst nach Sonneberg und schliessen das Geschäft an Ort und Stelle im Musterzimmer ab. Die grösseren Häuser aus Canada und den Vereinigten Staaten kommen alljährlich im Februar oder März und bleiben bis zur Leipziger Messe; die kleineren kommen alle 2–3 Jahre herüber.

Das Hauptabsatzgebiet der Sonneberger Spielwaaren ist gegenwärtig Nordamerika. Nach den Registrirungen des Vereinigten Staaten-Consulats in Sonneberg wurden 1876/7 aus Thüringen nach den Vereinigten Staaten exportirt an Puppen und Spielwaaren für 1,377.446 M., darunter aus Sonneberg allein 713.694 M.; in den folgenden Jahren

1877/8, 1878/9, 1879/80 hob sich der Export auf 1,302.996 M., 1,859.320 M., 2,662.068 M., also binnen 3 Jahren bis auf das Doppelte.

Als Importland fast von gleicher Bedeutung wie die Vereinigten Staaten reiht dann England sich an, wo die Spielwaare zollfrei eingeführt wird. In beiden Ländern heisst es: quantity is nothing, auf die Masse kommt es nicht an, wenn nur sonst die Preise recht sind. Es sind das Länder mit festen Einkaufspreisen, man tritt in den Laden und verlangt eine Penny-, oder eine Shilling-, oder eine Dollarpuppe. Es muss demnach die Puppe aus Sonneberg zu einem solchen Preise bezogen werden, dass mit Hinzurechnung der Fracht- und Zollspesen sowie des landesüblichen Gewinnes ihr Ladenpreis sich doch nicht höher stellt als auf 1 Penny, Shilling, Dollar. Der Amerikaner oder Engländer kommt also zum Sonneberger Kaufmann und sagt: ich brauche eine Puppe, 44 cm lang, mit Haaren und Augen, wachsirt und gekleidet, hier ist der Schnitt; das Dutzend darf nicht mehr als 16 M. kosten. Eine solche Puppe wird dann in New-York für einen Dollar abgegeben. Kann der Kaufmann für 16 M. liefern, so wird er vielleicht Tausende von Dutzend absetzen, verlangt er aber um 50 Pf. mehr, so kann er sicher sein, auch nicht ein Stück zu verkaufen.

Deutschland und die übrigen Länder kommen erst in 3. und 4. Reihe in Betracht. Das deutsche Geschäft ist bei den Kaufleuten wenig beliebt, allgemein hört man klagen über die Unsitte der langen Ziele und das Kleinliche der Geschäfts-Gewohnheiten. Die Franzosen haben seit dem Kriege ihre Bestellungen stark eingeschränkt, und das wird um so lebhafter bedauert, als die Franzosen ganz allgemein für die coulantesten Geschäftsfreunde gelten.

Neuerdings sieht sich die Sonneberger Handlung schwer bedroht durch die Schutzzollpolitik, welche in den meisten Staaten zum Durchbruch kommt. Seit der veränderten deutschen Handelspolitik hat Oesterreich-Ungarn seinen Zolltarif erhöht, ist Frankreich nachgefolgt, während Italien eine Zollerhöhung vorbereitet; andere Staaten, wie Russland, Spanien, Nordamerika haben ihre hohen Zölle behalten oder noch verstärkt.

Wie gross die Ausfuhr von deutschen Spielwaaren ist, lässt sich bei dem Umstande als in dem amtlichen Waarenverzeichniss der Artikel »Spielwaare« nicht unter besonderer Nummer aufgeführt, sondern ununterschieden in 9 oder 10 Waarenklassen vertheilt ist, nicht bestimmen. Den mittleren Jahresumsatz in Sonneberger Waaren schätzt man auf 10–12 Millionen M.

Die Sonneberger Industrie.

Die Sonneberger Spielwaaren-Industrie hat seit Einführung der Papiermaché-Fabrikation keinen zweiten ähnlich bedeutsamen Fortschritt zu verzeichnen, das Drücken und Ausformen der Figuren ist heute wie vor 60 Jahren die Grundlage der Technik geblieben. In jüngster Zeit hat man den Versuch gemacht, die Masse nach Art des Porzellans zu giessen, statt sie in Formen zu drücken; bewährt sich die Erfindung, so dürfte sie ein Hauptvehikel werden für den Grossbetrieb. Hunderte von Drückern in den Ortschaften würden überzählig und überflüssig durch ein, zwei grosse Etablissements in Sonneberg.

Es ist aber nicht leicht, in Sonneberg mit industriellen Neuerungen durchzudringen. Die Kaufleute, ohne Liebe und Verständniss für die Industrie, verhalten sich besten Falls gleichgiltig, nicht selten offen feindselig; die Fabrik-Kaufleute, ihrem Ursprunge getreut, sind Krämer wie die andern, nur dass sie neben dem Comtoir ein Paar »Force-Artikel« fabriziren lassen; die Hausindustriellen endlich, oder »Fabrikanten«, sind meistens kleine Leute, welche vielleicht genügendes Verständniss und Interesse besitzen, aber keinenfalls die nöthigen Mittel. Man kennt in Sonneberg keine grösseren industriellen Anlagen, es ist alles kleinlich und beschränkt. Schon im Privilegium war der Kaufmannschaft aufgetragen sich ernstlich zu bemühen, dass die zur Herstellung der Handlungsartikel erforderlichen Materialien möglichst bald im Oberland verfertigt würden; noch heute sucht man vergeblich nach einer Ausführung dieser Bestimmung. Der jährliche Verbrauch an weisser Farbe allein beträgt über 4000 Ctr., der an Leim und anderen Stoffen ist noch ungleich bedeutender, – aber weder denken die Kaufleute an Errichtung entsprechender Fabriken, noch die Industriellen an gemeinschaftlichen Bezug ihres Bedarfs in Lowren, oder gar an die Begründung dauernder Genossenschaften. Bei den Kaufleuten ist es die Scheu, Capitalien festzulegen, auch gönnt einer dem andern nicht den offenbaren Gewinn; bei den Hausindustriellen ist es Indolenz und altväterischer Sinn. Sie liefern alle Wochen ihre Täuflinge, bekommen dafür ein Paar Pfennige und sind damit zufrieden; weiter denkt keiner, rauchen ihre Pfeife, machen das Vogelschiessen mit und lassen den lieben Herrgott einen guten Mann sein.

Die Spielwaaren-Industrie ist eine arbeitsgetheilte, und zwar in dreifacher Beziehung. Zunächst zerfallen die Spielwaaren-Gewerbe in die beiden Hauptgruppen der Vorarbeiter und Fertigmacher; sodann verästelt und verzweigt sich jede dieser Gruppen in eine grössere oder kleinere Menge streng gesonderter Abtheilungen und Unterabtheilungen; bis endlich in der industriellen Zellform, der häuslichen Werkstätte, die familiäre Arbeitsgliederung den Beschluss macht. Der Kaufmann giebt den Anstoss zum Produktionsprozess, indem er den Bestellzettel dem Fabrikanten überweist; weiter hat er mit der Produktion nichts zu thun. Der Fabrikant beruft seine Hilfstruppen aus den umliegenden Orten, die theilarbeitenden Drücker, Schnitzer, Drechsler, Stimmmacher, Balgmacher u. s. f.; diese kommen herbeigeströmt, vernehmen die Ordre de bataille und kehren mit ihren Aufträgen wieder heim. Rohstoffe und Werkzeuge müssen sie sich selber beschaffen, nur die Drücker erhalten die benöthigten Schwefelformen. Sobald die Vorarbeiter ihr Werk verrichtet und abgeliefert, beginnt die Arbeit des Täuflingsmachers, Pelzthiermachers, oder wie sich sonst der Fabrikant benennt. Er stellt die einzelnen Glieder zusammen, macht daraus ein Ganzes, welches er zurichtet und ausstattet. Damit ist die Produktion beendet, die Waare wird in »Schanzen« (flache Körbe) gethan und vom Liefermädchen in das Magazin getragen. Dort übenimmt der Lagerist die Waare, setzt sein Vermerk auf den Bestellzettel, worauf im Comtoir die Zahlung erfolgt. Schliesslich befriedigt der Fabrikant seine Theilarbeiter aus dem Waarenerlöse. So vollzieht sich der Produktionsprozess in der Spielwaaren-Industrie. Das auf solche Weise gefertigte Spielzeug ist von der erstaunlichsten Mannigfaltigkeit, es giebt Musterzimmer in Sonneberg mit 12–18000 Mustern, mancher Reisende führt in seinen Musterbriefen 3–4000 Abbildungen und Photographieen. Die Spielzeugmacher müssen grosse Beweglichkeit und Vielseitigkeit besitzen, um dem wechselnden Geschmack der verschiedensten Nationen zu genügen und durch überraschende Neuheiten die Kauflust des Publikums anzuregen. In der That sind sie von einem unerschöpflichen Erfindungsgeist, der um so bemerkenswerther ist, als er herzlich wenig Nahrung oder Schutz empfängt. Jeder Arbeiter sieht fast immer nur seine eigenen Erzeugnisse oder höchstens die seiner Stubennachbarn; er hat keine Geschmacks-Ideale, nach welchen er sich bilden könnte, und es fehlt ihm zugleich die umsichtige Waarenkenntniss, um sich aus deren Mannigfaltigkeit einen anderen als seinen abgeleierten Artikel, der ihm zusagen könnte, auszuwählen. Man hat deshalb den Gedanken angeregt, eine ständige Musterausstellung in Sonneberg einzurichten. Dieselbe würde nicht nur eine vollkommene Sammlung aller Sonneberger Spielwaaren-Artikel, sondern auch möglichst viele Erzeugnisse fremder Kunstindustrie enthalten müssen (Pariser, Nürnberger, Erzgebirgische, Berchtesgadener Spielwaaren); die Ausstellung wäre von den Kaufleuten mit auswärtigen, von den Fabrikanten mit Sonneberger Artikeln zu beschicken und zu ergänzen. Der Zutritt müsste Jedermann unentgeltlich offen stehen, auch sollten die Musterspielwaaren, gerade wie die Bücher einer öffentlichen Bibliothek, an die Arbeiter gegen Schein auf Zeit verliehen werden. Ein solches Institut in Sonneberg in das Leben zu rufen, ist dringendes Bedürfniss. In den grossen Centren der Kunstindustrie, wie Paris, Wien, wo ein so ausserordentlicher Zusammenfluss von Talenten, Luxus und Reichthum entsteht, wo die Anregung auf allen Gebieten frei und lebendig wirkt, da findet der Kunstjünger zugleich die vortrefflichsten Schulen und die reichsten Sammlungen zu seiner Belehrung und Ausbildung. Dagegen im abseits gelegenen Städtchen des Thüringer Waldes muss er alles aus sich heraus schaffen, sieht nichts und hört nichts, und wird durch Lebensnothdurft und die beschränktesten Verhältnisse überall eingeengt. Der Kaufmann fragt nicht darnach, ob die Waare schön und gut und ob sie naturgetreu, er will sie gross, schreiend und vor allem billig. Mögen die Beine des Täuflings zweimal so lang sein, wie der übrige Körper, thut nichts, wenn sie nur lang sind. Die Tausendfältigkeit dieser Allerweltswaaren erscheint dem Händler nur als verwirrender Reichthum, richtiger als ein nothwendiges Uebel, dem man sich unterziehen muss; er würde am liebsten ein Dutzend »Force-Artikel« vertreiben. Vom Händler ist auch nicht das mindeste für die Musterausstellung zu erwarten; soll sie jemals zu Stande kommen, so muss sich die Regierung der Sache annehmen, (wie es von Weimarischer Seite in Bürgel geschehen, wo man ein keramisches Museum eingerichtet hat). Der Fabrikant wird von der Beschickung wieder durch andere Gründe abgehalten, er befürchtet, dass ihm seine Muster gestohlen werden. Diese Furcht ist in der Hauptsache wohl begründet und entspringt nur zum kleineren Theile aus spiessbürgerlicher Geheimnisskrämerei, der Erfinder in der Spielwaaren-Industrie ist heute thatsächlich ohne Schutz.

Der Musterschutz beschränkt sich nur auf Geschmacksmuster von plastischen und Flächenerzeugnissen und wird gerade von dem betreffenden Amtsgerichte in Sonneberg in strengster Weise einschränkend gehandhabt. Für eigentlich technische Erfindungen ist nun zwar der Patentschutz da, wie wenige Neuerungen in dem spottbilligen Spielwaarenkram sind aber, obgleich eigenthümliche Erfindung, so einträglich, um auch nur die Kosten des Patentes auf ein Jahr zu decken? Der intelligente Arbeiter, welcher vielleicht eine neue Art der Bewegung des, beispielsweise, von ihm seit Langem fabrizirten beweglichen Stürzenschlägers ersonnen und dies durch Anbringung irgend eines gebogenen Drahtes mehr erreicht hat, will womöglich noch in derselben Woche den Lohn seiner Arbeit sehen. Er ist glücklich, wenn seine Idee eines neuen Artikels, der zur nächsten Saison vom Kaufmanne in den Handel gebracht wird, ihm die Bestellung von einigen Dutzend des neuen Genres einbringt und ihm augenblicklich einen grösseren Gewinn abwirft, als seinem Concurrenten, der den Stürzenschläger in der alten Weise anfertigt. Wenige Wochen später ist es kein Modeartikel mehr, der ganze Uebergewinn beträgt vielleicht 20 M.; das Patent wird bekanntlich und erfahrungsmässig erst nach $1/2$–$3/4$ Jahr zur Ertheilung reif und kostet dem Arbeiter, der sich auf Schreibereien nicht versteht, ausser den 50 M. Patentgebühren noch das theure Honorar für einen Patentanwalt. Kurz: Der Patentschutz lohnt sich nicht in der Spielwaarenindustrie, wenigstens nicht in den meisten Fällen. Es empfiehlt sich demnach, solchen kleineren technischen Neuerungen einen gewissen Schutz angedeihen zu lassen, der weder Patent- noch Musterschutz (im engeren Sinne) zu sein braucht; oder, falls eine Abänderung, beziehentlich Ergänzung der bestehenden Erfinderschutz-Gesetzgebung nicht zeitgemäss erscheint, so möchten doch die Gerichte in ihrer Auslegung des Musterschutzgesetzes minder strenge verfahren. Man leistet sonst einem gewissenlosen Raubsystem Vorschub, welches zumeist gegen den kleinen Mann gerichtet ist.

Aber Ausstellung und Erfinderschutz müssen halbe Maassregeln bleiben, so lange nicht für bessere kunstgewerbliche Schulung der heranwachsenden Jugend Sorge getragen wird. Es war eine der wenigen Anregungen, welche die Spielwaarenindustrie der Initiative der Sonneberger Handels- und Gewerbekammer dankt, als diese zuerst in ihrem Berichte vom 11. Mai 1867 die Einrichtung einer gewerblichen Fachschule beim Staatsministerium in Vorschlag brachte. Trotz bedeutend vermehrter Produktion der Spielwaaren sei eine in qualitativer Hinsicht fortschrittliche Entwickelung der Fabrikation in den letzten Jahren leider nicht mehr zu erkennen gewesen; durchgreifender als durch irgend welche andere Maassregel könne bei dem an sich geschickten und fleissigen Fabrikantenthum eine Wiederbelebung des Erfindungsgeistes, sowie des Sinnes für Solidität und Schönheit der Waaren, durch Errichtung einer Schule erzielt werden, welche neben der Hebung allgemeiner geistiger Bildung insbesondere die der manuellen Geschicklichkeit und Geschmacksbildung sich zur Aufgabe stellen müsste. Eine solche in Sonneberg zu gründende Anstalt sollte sich als eine Berufsanstalt unmittelbar in den Dienst der Industrie stellen und vorzugsweise: Freihandzeichnen, Modelliren, Holzschnitzen, Farbenlehre mit praktischer Decorationsmalerei, Spielwaarenmechanik und gewerbliches Zeichnen lehren. Damit sie allen den jungen Leuten, welchen eine derartige Ausbildung noth thut, zugänglich sein könne, sollten die Sonneberger Fabrikanten ihren Lehrlingen oder Gehilfen den Besuch der Schule nicht versagen dürfen; auch sollten in Bezug auf die wissenschaftliche Vorbildung bei der Aufnahme die mildesten Forderungen gestellt werden. Eine solche Fachschule für die Spielwaaren-Gewerbe wäre allerdings geeignet gewesen, dem producirenden Theile der Bevölkerung sich nützlich zu erweisen. Allein die Staatsregierung glaubte diesem Plane wegen der Beschränkung auf ein Gewerbe ihre Zustimmung versagen zu müssen und verwies auf eine allgemeine Gewerbeschule mit einer solchen Einrichtung, dass ihre Zöglinge zum Militärdienst als Einjährig-Freiwillige zugelassen werden könnten. Damit war das Schicksal der Fachschule entschieden. »Eine freie, aus dem Boden der Spielwaaren-Industrie herauswachsende Gestaltung der geplanten Anstalt zur Kunstgewerbeschule war unmöglich, wenn sie der Militärberechtigung zustreben sollte«. Zunächst schuf man ein Zwitterding von Berufs- und Erziehungsanstalt, welches lange keinem der Zwecke zu genügen vermochte, sich aber immer deutlicher zur reinen Realschule fortentwickelte und heute nicht einmal mit dem Namen an die ursprüngliche Absicht gemahnt.

Das kunstgewerbliche Element, von Anfang stiefmütterlich behandelt, verkümmerte zusehends und wurde 1880 vollständig ausgeschieden. Heute sorgt für die technisch-wissenschaftliche Weiterbildung der Industriebevölkerung die gewerbliche Abtheilung der obligatorischen Fortbildungsschule, aber in völlig ungenügender Weise. Die Schüler, obgleich sehr verschieden nach Fähigkeiten und Vorbildung, sind in nur einer Klasse vereinigt, es fehlt an hinreichenden Lehrkräften, und es fehlt an der technischen Leitung. Die Fortbildungsschule ist gerade gut genug, den jungen Leuten ihre mitgebrachten Schulkenntnisse zu erhalten und sie vielleicht in einzelnen Stücken zu vermehren, – für die gewerbliche oder gar kunstgewerbliche Ausbildung ist ihre Bedeutung gleich Null. Das Bedürfniss hat zur Einrichtung einer Privatschule für Holzschnitzer und Modellirer geführt, jedoch ohne genügende Lehrmittel und ohne staatliche Unterstützung ist ihr Dasein ein fragliches. Man wird wohl oder übel sich entschliessen müssen, auf den ursprünglichen Gedanken einer reinen Fachschule zurückzugreifen, und man möge das um so eher thun, als die Zukunft der Spielwaaren-Industrie wesentlich auch auf ihrer kunstgewerblichen Vervollkommnung beruht: ohne die qualitative Steigerung der Produktion dürfte kein Ausweg zu finden sein aus dem Wirrsal der immer sinkenden Preise!

Aus den 70er Jahren stammen die vornehmen Biskuitkopf-Puppen des Pariser Fabrikanten Gautier. Die sogenannten »Parisienne«-Puppen sind am unteren Schulterrand mit F. G. markiert.

Die Gautier-Puppen zeichnen sich durch besonders feine Biskuitporzellanköpfe und strahlende, ausdrucksvolle Augen aus. Ihr fest gestopfter, gut gearbeiteter Ziegenlederkörper ist allerdings trotz eingearbeiteter Zwickel so unbeweglich, daß diese Puppendamen nicht gesetzt werden können.

Französische Puppen des späten 19. Jahrhunderts haben besonders große Paperweight-Augen. Diese 27 cm große Französin mit den charakteristischen Glasaugen ist im Nacken des Kopfes mit einem »M« bezeichnet.

Unten:
»Eine Puppe geht schlafen«, die handkolorierte, französische Photopostkarte wurde 1906 versandt.

Am Haaransatz ist diese 52 cm große Französin mit der Signatur »S.F.B.J.« versehen. Die »Societé Française de la Fabrication de Bébés et Jouets« wurde 1899 zur gemeinschaftlichen Puppenfabrikation gegründet.

Die Signatur »AM 21/2 Dep.« im Nacken der 52 cm großen Puppe weist auf die deutsche Manufaktur Armand Marseille hin. Der erfolgreiche Fabrikant ließ sich Anfang der 80er Jahre in Köppelsdorf bei Sonneberg nieder.

Eine Nahaufnahme dieser 52 cm großen Puppe aus den 80er Jahren läßt die feine Qualität des Biskuitporzellans, die detaillierte Bemalung und die leuchtenden Strahlenaugen erkennen.

Obwohl der Brustkopf nicht gekennzeichnet ist, lassen Augenbrauenbemalung und Gesichtsschnitt auf eine Puppe der renommierten Manufaktur Kestner schließen.

ARNOLA
DIE SINGENDE
UND
SPRECHENDE
WUNDERPUPPE

Die phonographische Puppe des Mr. Edison

Auszug aus einem Bericht vom 24. Mai 1890 in der »Illustrierten Zeitung«.

Linke Seite: Anzeige der Firma Oskar Arnold in Neustadt.

Wie die Tagespresse schon vor längerer Zeit berichtete, hat sich in Amerika auf Grund der neusten Verbesserungen des Edison'schen Phonographen eine schwunghaft betriebene Industrie, die Fabrikation sprechender und singender Puppen, entwickelt.

In der unweit Newark gelegenen Stadt Orange des Staates Neujersey, in geringer Entfernung von dem weltberühmten Laboratorium des Erfinders, erhebt sich gegenwärtig eine Anzahl stattlicher Gebäude, in denen mehr als 500 Arbeiter damit beschäftigt sind, den Phonographen in seinen beiden hauptsächlichsten handelsüblichen Formen herzustellen.

Die eine dieser Ausführungen ist die allgemein bekannte, auch in der »Illustrirten Zeitung« mehrfach beschriebene; die andere ist diejenige der phonographischen Puppe, welche wir hier zum ersten mal unsern Lesern vorführen.

Der Fabrikation dieses interessanten Spielzeuges, das augenblicklich einen mächtigen Reiz auf die Kauflust des Publikums ausübt, ist nahezu die Hälfte der ganzen Anlage gewidmet, obwol selbstverständlich manche Theile des Mechanismus aus der eigentlichen Phonographenfabrik hervorgehen.

Die fertige Puppe hat äußerlich nichts bemerkenswerthes, allein ihr Körper besteht aus einer Zinnlegirung und enthält den Sprechapparat, der im wesentlichen dem gewöhnlichen Phonographen ähnlich, nur viel einfacher und infolgedessen auch wohlfeiler ist.

Die mit einer eigenthümlichen wachsartigen Masse bekleidete Walze, auf welcher die wiederzugebenden Worte in der früher beschriebenen Weise verzeichnet sind, steckt auf einer mit Gewinde versehenen Hülse, welche auf einer Welle gleitet, und bewegt sich demzufolge in der Längenrichtung dieser Welle.

Mittels eines kleinen Schraubenschlüssels kann die Verbindung der Walze mit der segmentförmigen Schraubenmutter der Welle, in welche das Gewinde eingreift, gelöst werden, während eine Spiralfeder dazu dient, die Walze an ihren Ausgangspunkt zurückzubringen.

Auf derselben Welle befindet sich eine Riemenscheibe für den Antrieb des am untern Theil des Apparats angeordneten Schwungrades, das zur Erhaltung einer gleichmäßigen Geschwindigkeit vorgesehen ist.

Wie auch beim gewöhnlichen Phonographen, befindet sich oberhalb der Walze eine Membrane, welche den an einem Hebel sitzenden Stift zur Wiedererzeugung der Schallwellen trägt.

Der am obern Ende des Apparats ersichtliche Schalltrichter mündet unter der Brust des Puppenkörpers, welcher, um den Schall entweichen zu lassen, an dieser Stelle durchlocht ist.

Durch bloße Kurbeldrehung kann jedes Kind den Apparat in Thätigkeit setzen und so die Puppe zur Wiederholung des in denselben hineingesprochenen oder -gesungenen Textes (meist eins der allgemein beliebten Kinderlieder) veranlassen.

Die Erzeugung der Tonschrift für die Walzen der einzelnen Sprechapparate geht in folgender Weise vor sich:

Zu diesem Zweck wird jede solche Walze in einem dem gewöhnlichen Phonographen ganz ähnlichen Apparat eingelegt, in dessen Mundstück das Gewünschte durch eins der vielen hierzu angestellten Mädchen hineingesprochen oder gesungen wird.

Zu Millionen wurden die kleinen, etwa 20 cm großen Biskuitkopfpuppen mit einfachem Papiermachékörper gefertigt. Der linke Puppenkopf trägt die Markierung der Manufaktur Recknagel, die rechte Puppe wurde von Armand Marseille produziert und die mittlere stammt aus dem Hause Karl Hartmann.

Nebeneinandergestellt wird der Unterschied zwischen einer deutschen und französischen Puppe deutlich. Der linke Puppenkopf der Firma Hartmann stellt zwar ein idealisiertes Kind dar, ist aber doch recht naturalistisch, während die Modelleure von Grandjean in Paris vor allem Wert auf übergroße Augen legten.

Die Püppchen der Puppe

In dem Puppenhaus befindet sich noch eine Menge kleiner Puppen, nämlich die Püppchen der Puppen. Es sind entweder sogenannte Gelenk-, Wachs- oder Porzellanpüppchen. Von welchen soll ich euch zuerst erzählen? Nun, hübsch der Reihe nach.

Die Gelenkpüppchen sind von Holz, können die Gelenke der Arme und Beine biegen, daß es eine Lust ist; wo man sie auch hinsetzt, hinkniet, sie stellen sich immer sehr geschickt an, was die Wachs- und Porzellanpüppchen leider nicht thun. Die Wachspüppchen haben oft ein Körperchen mit einer Leder- oder Zeughaut und ihr Fleisch und Blut besteht in Sägespänen, aber selbst wenn sie die Kniee und Ellbogen krumm machen können, so darf man es nicht wagen, sie lange allein sitzen zu lassen, sonst fallen sie um. Die Porzellanpüppchen sind aber ganz steif, sie rühren kein Glied und sind unbehilflicher als ein kleines neugebornes Menschenkind, das wenigstens schreit und strampelt. Aber drollig sind diese sogenannten Badepüppchen doch. Habt ihr schon einmal eins in einem Blechwännchen gebadet? Thut es nur und trocknet es gut ab, zieht ihm ein Hemdchen und Jäckchen an und steckt es in ein kleines Wickelkissen. Das Häubchen dürft ihr nicht vergessen, fertigt es aus Spitzengrund. Am Hemdchen und Jäckchen wird sich nicht viel nähen lassen, die Sachen sind zu klein, und die Nähte würden zu dicht neben einander kommen und das Püppchen drücken. Schneidet nur alles aus einem Stück. Statt der Säume könnt ihr feine Zäckchen in den Stoff schneiden und statt der Ärmelchen Spitzchen um die Armlöcher heften.

Wenn die Gelenk- und Wachspüppchen gar zu klein sind, ist's auch nicht ratsam, ihre Kleider zum täglichen An- und Auskleiden einzurichten. Über das ausgezackte Hemdchen zieht man ein Leinwand- und Mullröckchen mit schmalen Spitzen und Zwirnfadenzügen, die man am besten gleich verfestigt, damit die Röckchen nicht ausgehen. Nun zieht man dem Püppchen ein Kleid von bunter Seide oder Tarlatan an, steckt ihm mit einer kurzen Stecknadel einen Bandgürtel und Achselschleifchen an, vielleicht bindet man ihm auch ein weißes Mull- oder Tüllschürzchen mit Spitze und Band verziert um, und das Fräulein ist fertig. Halt, aus schmalem Stroh oder weißem Tüll läßt sich ein Hütchen machen und mit Band oder winzig kleinen Blümchen verzieren – und ein Mäntelchen wird jede kleine Schneiderin wohl zur Not auch noch zustande bringen. Das Material zu den Kleidern der Püppchen fällt von den Resten ab, welche bei der Puppenschneiderei übrig bleiben.

Textauszug aus dem Mädchenbuch »Lieschens Puppenstube« von 1884.

Linke Seite: Das 55 cm hohe Puppenhaus entstand um 1920 in Deutschland

In den Puppenstuben fehlten weder das »moderne« Telephon noch alte Familienbildnisse. Der männliche Bewohner trug sogar eine stolze Husarenuniform.

Die kleinen, etwa 9 cm großen Puppenstubenpuppen in baumwollener Häkelkleidung sind durchgehend aus Biskuitporzellan geformt. Ihre Arme und Beine sind mit Draht aufgezogen.

Die stattliche Puppenfamilie der Jahrhundertwende hat sich im metallenen Salon der »Eltern« aus den 60er Jahren versammelt.

Die Puppenschwestern unterscheiden sich trotz gleicher Gußform durch die unterschiedliche Qualität ihrer Bemalung. Die 15 cm großen Püppchen entstanden um 1900.

Obwohl zahllose kleine Puppenstubenbewohner produziert wurden, überlebten nur wenige; die meisten zerbrachen oder gingen beim Spiel verloren.

Die 18 cm große Puppenmamsell trägt die typische, hochgekämmte Knotenfrisur der Kaiserzeit.

Die ländliche kleine Puppenküche mit bronziertem Rauchabzug ist mindestens dreißig Jahre älter als ihre Bewohner aus der Zeit der Jahrhundertwende.

Das Spielen mit Krämerläden gehörte zu den beliebten Beschäftigungen mit »pädagogischem Wert«. Einkaufen, verkaufen, Ware kalkulieren, dekorieren und verpacken – der Phantasie waren keine Grenzen gesetzt. Dieser 70 cm breite Krämerladen entstand um 1900, die nur 48 cm breite Konditorei stammt aus den 70er Jahren.

Die kleine Puppendame des ausgehenden 19. Jahrhunderts besitzt – trotz ihrer geringen Größe von nur 18 cm – einen feinen Biskuitkopf.

Der neoklassizistische Salon entstammt ebenfalls dem späten 19. Jahrhundert. Charakteristisch für diese Stilrichtung sind die metallenen Verzierungen, die auch im Empire verwandt wurden.

Die folgende Doppelseite zeigt eine stattliche Puppenküche aus der Zeit der Jahrhundertwende. Das Gehäuse ist 107 cm breit.

Nudeln
Zucker
MEHL

Eine Atmosphäre bürgerlicher Wohlhabenheit strahlt dieses reich dekorierte Kaminzimmer aus den 80er Jahren aus.

Rohrmöbel waren um 1905 nicht nur im Garten, auf Balkon und in der Veranda beliebt, sie fanden auch als Kinder- und Puppenmöbel großen Anklang.

Selten wird ein Salon aus der Zeit um 1910 derartig komplett zu sehen sein, wie diese Miniaturausgabe. Charakteristisch für den Zeitgeschmack sind die Ornamente der Tapeten, Vorhänge und Bezüge.

Die stehende Biskuitpuppe besitzt, obwohl nur 15,5 cm groß, einen Kurbelkopf mit Schlafaugen. Das Geschwisterpaar mit Echthaarperücken besitzt einen sogenannten »Steifhals-Körper« aus rosafarbenem Biskuit.

Im lichtdurchfluteten Puppenhaus der Jahrhundertwende kredenzt das 11 cm große Puppenmädchen mundgeblasene Weingläser. Der kleine Buchentisch mit gedrechselten Beinen läßt sich auf die doppelte Länge ausziehen.

Gehäkelte Paradekissen, die beliebten Raffael-Engel über dem Bett, der Kerzenleuchter und das Nachtgeschirr vermitteln ein Bild der Wohnatmosphäre des ausgehenden 19. Jahrhunderts.

Große und kleine Puppen in spitzenverzierten Steckkissen sowie Windeln, Laken, Hemdchen und Jäckchen, Babyrassel und umhäkelte Trinkfläschchen sollten in den kleinen Mädchen Muttergefühle wecken.

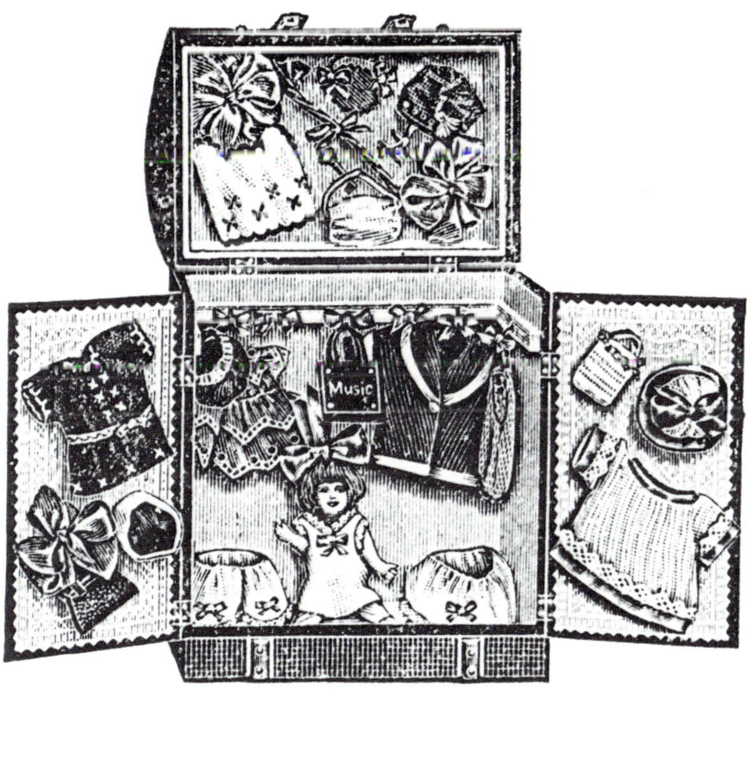

»*Die Puppe*«, *eine Folge von sechs lithographierten Sammelkarten, von der Firma Liebig im Jahre 1900 herausgegeben.*

Waltershäuser Puppen: Biskuitporzellanköpfe und Schlafaugen

Der Text von Kommerzienrat Franz Reinhardt erschien 1925 in der Jubiläums-Sondernummer des »Wegweiser für die Spielwarenindustrie«.

Waltershausen war vor 40 Jahren noch eine kleine Kreisstadt. Es befanden sich daselbst nur wenige industrielle Unternehmungen. Die Einwohner lebten meistenteils von der Landwirtschaft. Blühend war allerdings die Wurstfabrikation, die von jeher einen guten Ruf genossen hat und mit Recht genießt. Der Wurstversand nach auswärts war lange ein recht bedeutender.

Von Puppenfabriken waren im ganzen drei am Orte. Dem Begründer der ältesten dieser Fabriken, die nun wohl auf ein über 110jähriges Bestehen zurückblickt, verdankt die Waltershäuser Puppenindustrie ihre Existenz. Von den anderen beiden Fabriken war die eine damals berühmt wegen ihrer unvergleichlich schönen Wachsköpfe, die früher das Ideal aller Kinderherzen waren.

Vor etwa 40 Jahren setzte die Gründung einiger neuer Puppenfabriken ein, und seitdem ist die Puppenindustrie in Waltershausen in stetem und schnellem Aufstiege begriffen gewesen.

Es wurden früher in der Hauptsache die berühmten Gelenkpuppen hergestellt, und zwar mit feinen Bisquitporzellanköpfen, wie sie sich bis auf den heutigen Tag fast unverändert erhalten haben. Die Puppen sind nur nach und nach schlanker geworden, denn die zahlreichen Fabriken verursachten naturgemäß eine bedeutende Konkurrenz untereinander, und die Amerikaner sowie andere Grossisten, welche zum Einkaufen nach Waltershausen kamen, gingen von Musterstube zu Musterstube und verglichen die Preise, indem sie die Puppen nach dem Meter maßen, so daß derjenige, der die längste Puppe zu limitiertem Preise bieten konnte, oft den Sieg davontrug. Insbesondere waren es die sogenannten Dollar-Puppen – das sind diejenigen Puppen, die im Detail in Amerika zu 1 Dollar verkauft wurden –, welche von Jahr zu Jahr größer wurden.

Die scharfe Konkurrenz, welche sich die Fabrikanten untereinander machten, gab Veranlassung, um eine Verbilligung der Fabrikation bemüht zu bleiben. Es kam hinzu, daß die sogenannten Ausformer, welche auf den Gebirgsdörfern wohnen, und die bei den kärglichen Erträgnissen ihrer Landwirtschaft zumeist nur durch Arbeiten für die hiesige Puppenindustrie ihren Lebensunterhalt genügend finden konnten, bei dem Anwachsen der Bestellungen nicht genügend Ware für die hiesige Industrie zu schaffen in der Lage waren.

Diese Umstände veranlaßten die Fabrikanten, zur mechanischen Herstellung der Puppen überzugehen, soweit das auf mechanischem Wege möglich ist.

Die rationelle Produktionsweise wurde auch dadurch unterstützt, daß die Arbeitsleistung bis ins äußerste durchgeführt wurde. Es stellte jeder Arbeiter – und darin hat sich die hiesige Industrie von anderen Industriebezirken von jeher unterschieden – nur einen ganz bestimmten Teil an der Puppe her, und jeder Sachverständige weiß, daß an jeder einzelnen Puppe aus Waltershausen bis zur Fertigstellung Hunderte von Händen gearbeitet haben.

Während sich, wie bereits geschildert, die Gelenkpuppen im Laufe der Jahre nur unwesentlich verändert hatten, entstand vor etwa 15 Jahren eine neue Bewegung in der Branche. Die Firma Kämmer & Reinhardt brachte nach dem Modell eines der ersten Künstler Deutschlands ein vollkommen realistisch gehaltenes Baby mit dem anatomisch richtigen Körperbau eines 6 Wochen alten Kindes in natürlicher, matter Fleischfarbe heraus.

DIE PUPPE.
Nº4. Ankleideraum und Bemalen der Puppenköpfe.
LIEBIG COMPANY'S FLEISCH-EXTRACT.
Gesetzl. geschützt.
Siehe Rückseite.

LIEBIG COMPANY'S FLEISCH-EXTRACT.
DIE PUPPE.
Nº5. Weihnachten.
Gesetzl. geschützt.
Siehe Rückseite.

LIEBIG COMPANY'S FLEISCH-EXTRACT.
DIE PUPPE.
Nº6. Beim Puppendoctor.
Gesetzl. geschützt.
Siehe Rückseite.

Dies wirkte umstürzend und bahnbrechend auf die gesamte Puppenindustrie der ganzen Welt. Anfangs verhielten sich die tonangebenden Spielwarengeschäfte gegenüber dieser Neuheit reserviert, die meisten sogar direkt ablehnend.

Um so überraschender war es, als diese Neuheit bei den Kindern einen erstaunlichen Anklang fand, und in kurzer Zeit stand die gesamte Industrie unter dem Zeichen des neuen »Charakter-Babys«.

Dieser Naturalismus entwickelte sich weiter. Die genannte Firma brachte später eine andere Puppe heraus, welche nach dem Körperbau eines 1–2 Jahre alten Kindes modelliert war, das sogen. »Stehbaby«. Diese Puppen und ebenso die alten Gelenkpuppen erhielten statt der bisherigen glatten, idealisierten gleichmäßigen Puppengesichter, Rasseköpfe, prägnanter und bisweilen schärfster Charakteristik, zu denen hübsche Kinder Künstlern Modell gestanden hatten.

Nachdem die Industrie ein paar Jahre nicht genügend von diesen Puppen hatte schaffen können, verschwanden sie vom Markte ebenso schnell, als sie gekommen waren, und zwar in der Hauptsache wohl dadurch, daß die neuen Charakterköpfe sich nicht gut mit Schlafaugen herstellen ließen.

Diese Schlafaugen lassen sich wohl bei indifferenten Puppengesichtern anbringen, aber nicht bei nach der Natur hergestellten Charakterköpfen, weil die menschlichen Züge sich bei offenen und bei geschlossenen Augen ganz anders gestalten. Dadurch wirkten die Charakterköpfe mit Schlafaugen unnatürlich. Die Kinder wollen aber Schlafaugen, sie wollen mit der Puppe spielen, und das hat der neuen Bewegung den Garaus bereitet. Von den Charakterpuppen sind eigentlich nur noch die Babys übriggeblieben. Diese sind allerdings heute noch ein großer Artikel und haben die alten Gelenkpuppen ziemlich verdrängt. Die Köpfe dieser Babys sind aber wieder mehr und mehr idealisiert worden, so daß von dem alten Naturalismus nicht mehr viel übrig geblieben ist.

Eine besondere Blüte erreichte die Puppenindustrie in Waltershausen, ebenso wie die anderen Industrien Deutschlands, in der Inflationszeit. Neue Fabriken schossen wie Pilze aus der Erde, und es wurde auf dem Papier viel Geld verdient.

Nach Konsolidierung unserer Währung kam auch in Waltershausen der große Krach, der um so schlimmer ausfiel, als die Ausfuhr – es waren vor dem Kriege mindestens 3/4 der gesamten Produktion ausgeführt worden – durch die Schutzzölle der anderen Staaten arg behindert wurde, nachdem während des Krieges die Industrie in den feindlichen Ländern ohnehin schon erstarkt war.

Zur Schädigung der Waltershäuser Puppenindustrie trug auch bei, daß die sogenannten weichgestopften Puppen in weiten Kreisen Eingang gefunden haben. Während sich die Waltershäuser Puppenindustrie kaum anderswohin verpflanzen läßt, können diese weichgestopften Puppen ohne Schwierigkeiten überall hergestellt werden.

Es sind jetzt Anzeichen vorhanden, daß sich der Geschmack des Publikums wieder mehr den Puppen, wie sie in Waltershausen hergestellt werden, zuwendet.

Alle Wiederverkäufer versichern einstimmig, daß die weichen Puppen nur von den Eltern gekauft werden, die infolge der mit den weichen Puppen getriebenen außerordentlichen und wirksamen Reklame mit der vorgefaßten Absicht in den Laden kommen, eine derartige Puppe zu kaufen, und daß im Gegensatz dazu alle Kinder, denen im Laden die Wahl überlassen wird, was für eine Puppe sie wünschen, ohne Ausnahme sich für die Puppen des alten bewährten Waltershäuser Genres entscheiden.

Das darf auch niemand wundern, denn die weichen Puppen, auch wenn sie manchmal noch so schön und künstlerisch ausgeführt sind, bleiben dem Kinde ein lebloser Gegenstand.

Das Kind will aber mit der Puppe spielen, es will die Puppe schlafen lassen und sie wieder munter machen. Seit etlichen Jahren haben sich auch die seitwärts beweglichen Augen (Schelmaugen) eingeführt, so daß das Kind die Puppe auch drollig blicken lassen kann.

Eine weitere, sehr beliebte Einrichtung ist der sogenannte »Unart«, eine ganz einfache und für jedes Kind leicht verständliche Vorrichtung, wonach die Kinder die Puppe nach Belieben schlafen und wieder munter werden lassen können. Ganz reizend wirkt ein Baby, welches im Wagen liegt, trotzdem die Augen offen behält und sie bei jeder Erschütterung des Wagens seitlich bewegt. Die Puppe soll auch Mama rufen können, was das Kind durch eine seitliche Bewegung der Puppe leicht erreichen kann.

Der weiße, sorgfältig bemalte Biskuitkopf mit mandelförmigen Paperweight-Augen steht in Kontrast zu dem gedrungenen Papiermaché-Körper mit Sichelbeinen. Möglicherweise wurde der Kopf der 32 cm großen Puppe ergänzt.

Rechts:
Die Anzeige der Firma Markmann erschien 1925 in der »Deutschen Spielwarenzeitung«.

Die linke, 24 cm große Babypuppe mit der Signatur »J. D. K.« stammt aus dem Hause Kestner in Waltershausen. Die Bezeichnung »A M« im Nacken des nur 20 cm großen Babys weist auf den Fabrikanten Armand Marseille hin.

Ein doppelgesichtiger Biskuitkopf läßt die Puppe weinen oder lachen. Wenn die Puppenmutter den in der Mitte des Kopfes herausragenden Knopf dreht, tritt die andere Kopfhälfte mit neuem Gesicht unter der Haube hervor.

»Rastloses Vorwärtsstreben nach höchster Vollendung«

Im Jahre 1805 wurde die Firma J. D. Kestner jun., Fabrik der Kronenpuppe, in Waltershausen von dem späteren Herzoglich Sächsischen Hofagenten und Hofrat Joh. Dan. Kestner gegründet, der nach einem Handel mit Papiermaché-Schiefertafeln und anderen Artikeln dazu überging, alle erdenklichen Spielwaren fabrikmäßig und in häuslichem Gewerbebetrieb herstellen zu lassen.

Damit wurde Genannter der eigentliche Begründer der weltbekannten Waltershäuser Puppenindustrie. Als Erster erkannte er einige Jahrzehnte später die große wirtschaftliche Bedeutung der Leipziger Mustermessen und zog 1840 mit seiner Kollektion zur Mustermesse nach dort, die er dann auch in den folgenden Jahren regelmäßig besuchte.

Im Jahre 1867 wurde dann das Geschäft von seinem Enkel, dem späteren Kommerzienrat Adolf Kestner, übernommen, der es in den folgenden 50 Jahren unter rastlosem Weiterstreben im Sinne des Verstorbenen weiterführte.

Der Weltruf der Firma ist heute unerschütterlich. Ihre Erzeugnisse sind als die führendsten der Branche allgemein anerkannt, geschätzt und beliebt.

1918 wurde die Firma J. D. Kestner jun. mit der ihr angegliederten Porzellanfabrik Kestner & Comp., Ohrdruf, nachdem der Kommerzienrat Adolf Kestner ohne männliche Erben geblieben war, von den langjährigen Mitarbeitern Herrn Eduard Prechtl und Herrn Ernst Florschütz übernommen unter gleichzeitigem Neueintritt des Herrn Ernst Buse als Mitinhaber.

Die alte Tradition ist aber dieselbe geblieben und auch heute gilt nur das eine Prinzip: »Rastloses Vorwärtsstreben nach höchster Vollendung«.

Der leicht nach rechts gewandte Biskuit-Schulterkopf aus den 80er Jahren ist mit der Prägung »made in Germany K« versehen. Die 57 cm große Puppe besitzt einen Lederkörper mit Biskuitunterarmen.

Als eine der ältesten deutschen Puppenfabriken gilt die Firma Kestner in Waltershausen. Die Signatur »C Germany 7« am Haaransatz des Kurbelkopfes links, ist eine Seriennummer seiner Puppenköpfe, die mit »A - 5« beginnt.

Unter dem Ansatz der Mohair-Perücke steht die Markierung »Simon & Halbig« und »K ✡ R«. Der Biskuit-Kurbelkopf wurde von der Porzellanmanufaktur Simon & Halbig für die Puppenfabrik Krämer & Reinhardt produziert.

Rechte Seite:
Aus der gefragten Serie 370 von Armand Marseille stammt die 52 cm große Schulterkopfpuppe mit Lederkörper. Sie ist umgeben von 23 bis 27 cm großen Püppchen der Firma Recknagel. Die Prägung »1907« am oberen Rand der kleinen Biskuitköpfe gibt das Herstellungsjahr an.

Eine Nummer kleiner als das Puppenmädchen von Seite 144 ist die mit »B Germany 6« bezeichnete Kestner-Puppe. Die Gelenkpuppe ist 38 cm groß.

Matrosenanzüge waren seit Ende des 19. Jahrhunderts ein beliebtes, praktisches Kleidungsstück für Knaben. Das farbige Puppenkind mit der Bezeichnung »4 Germany« stammt von einer der vielzähligen kleinen Puppenfabriken, die von Simon & Halbig ihre Köpfe bezogen.

Eine Hufeisensignatur versehen mit der Jahreszahl 1902 und der Größenangabe 2/0 lassen die 55 cm große Biskuitpuppe mit Lederkörper der Köppelsdorfer Firma Ernst Heubach zuordnen.

Die kecke Gliederpuppe von Armand Marseille besitzt ebenfalls im Haaransatz ein geprägtes Entstehungsdatum. Die 33 cm große Puppe wurde 1897 gefertigt.

1925 pries die Firma Kley & Hahn ihre Fabrikmarken »Meine Einzige«, »Mein einziges Baby« und »Schneewittchen« mit einer Anzeige in der »Deutschen Spielwarenzeitung« an.

Puppenperücken

aus Haar
u. Mohair
empfiehlt

A. Greifelt
Puppenperückenfabrik
Cöthen in Anhalt

Vertreter gesucht!

Unter der Rubrik »Neues aus der Branche« erschien 1925 in der »Deutschen Spielwarenzeitung« ein kurzer Bericht über die »Wella«-Puppenperücken. Die Anzeige der Firma Greifelt stammt ebenfalls aus dieser Zeitung.

Die „Wella"-Puppenperücke. Viele Spielwarengeschäfte und Puppenkliniken haben den Artikel Puppenperücken deshalb nicht mehr geführt, weil die früher übliche Einzelanfertigung zu kostspielig wurde, weil es auch an fachgeübten Arbeitskräften fehlt und die auf dem Markt befindliche Fabrikware oft von zu geringer Qualität war. Die Firma Franz Ströher, Haarfabriken, Rothenkirchen i. V., hat mit Herausgabe ihrer echten Haarperücke, der „Wella"-Puppenperücke, diesem Umstand Rechnung getragen. Mit ihr, der fabrikmäßig, d. h. zum denkbar niedrigsten Preise hergestellten Qualitätsperücke sind alle Mängel behoben und alle Wünsche erfüllbar; denn sie vereinigt alle Vorzüge einer soliden Handarbeit, sie ist künstlerisch in ihren verschiedenen, anmutigen Stilen, echt im Material, haltbar in der Arbeit und reizend in ihrem Aussehen.

Beachten Sie die laufenden Anzeigen der Firma in dieser Zeitung und das lebendige Aussehen der Abbildungen! Diese Wirkung erzielt die „Wella"-Puppenperücke dadurch, daß sie aus bestem Haar gearbeitet ist, das allein natürlich wirken kann. Das Kind hat ein Recht auf eine Perücke aus echtem Haar! Es will seinen Liebling kämmen und bürsten und hat er eine Perücke mit Zöpfen, dann will es diese öffnen und wieder flechten können.

Die Firma teilt uns mit, daß sie schon einen großen Teil ihrer Anfertigung für diese Saison verkauft hat. Rasche Bestellung, spätestens zur Leipziger Messe, oder Anforderung der illustrierten Preisliste ist daher zu empfehlen. Die Firma verschickt außerdem kleine Muster-Sendungen, die aus den gangbarsten Nummern und Größen zusammengestellt sind. Ein Besuch ihres Standes: Meßhaus „National". 3. Stock, Raum 161 a, dürfte auf jeden Fall lohnend sein.

Der Biskuit-Kurbelkopf mit wohlfrisierter Mohair-Perücke stammt von der Manufaktur Simon & Halbig. Die Kugelgelenkpuppe ist 55 cm groß.

Unten: Neustädter Arbeiterinnen bei der Fertigung von Puppenperücken.

Die Beweglichkeit der Puppenkörper war für Puppenmütter von größter Wichtigkeit, sollten die Kleinen doch sitzen, liegen, stehen oder laufen können. Der mit Sägemehl gestopfte Lederkörper zeigt deutlich die Bewegungsmöglichkeiten dieses Körpersystems.

Die nur 27 cm große Gelenkpuppe besitzt einen feinen Biskuit-Kurbelkopf mit kleingelockter Mohairperücke und blauen Schlafaugen. Sie stammt aus der beliebten Serie 1079 von Simon & Halbig.

Die 23 cm große Puppe im Häkellook und modischer Kurzhaarfrisur besitzt einen sogenannten Steifgelenkkörper mit anmodellierten Schuhen.

»Made in Germany F«, diese im Schreibschrift-charakter geprägte Signatur der 46 cm großen Puppe mit Lederkörper läßt vermuten, daß sie eine »Florodora«-Puppe von der Firma Borgfeldt ist.

Unten: Auf einer Lichtdruck-postkarte aus dem Jahre 1907 feiern Kinder mit ihrer Puppe Geburtstag.

Der zartgetönte, feine Biskuit-Schulterkopf mit Mohair-Perücke ist ungemarktet. Die 38 cm große Puppe mit Lederkörper entstand vermutlich um 1900.

Anfang des 20. Jahrhunderts wurden die handkolorierten Postkarten versandt. Die beiden Mädchen halten kleine Zelluloidpuppen in ihren Armen.

Stehbaby aus Zelluloid

Auszug aus der Jubiläums-Sondernummer der »Wegweiser für die Spielwaren-Industrie« von 1925.

Der Inhaber der Firma, der seine Ausbildung in einer der ältesten Spielwarenfabriken Waltershausens genossen hat, gründete am 1. April 1900 in seiner Vaterstadt Waltershausen die Puppenfabrik, die also in diesem Jahre auf ihr 25jähriges Bestehen zurückblikken kann. Das Unternehmen war von vornherein auf die Erzeugung von Qualitätspuppen für den deutschen Markt eingestellt und gewann sich bald einen ansehnlichen Kundenkreis, den es mit Puppen und allem Zubehör für Puppenkliniken versorgte. Wie damals üblich, wurden nur Kugelgelenkpuppen mit verschiedenen Frisuren fabriziert, wovon die Firma eine Serie in zwei Qualitäten auf den Markt brachte. Ein glücklicher Griff wurde mit der Wahl der Marke »Mein Goldherz« getan, die seit jener Zeit einen guten Klang in allen Interessentenkreisen gewonnen hat. Ein hübscher, von der Dichterin Frida Schanz verfaßter Vierzeiler:

Also sprach der Puppenstorch:
Kleine Puppenmutter, horch,
Nimm dies Puppchen wunderfein,
Goldherz soll sein Name sein!

gab dem jede Puppe zierenden herzförmigen Anhänger Inhalt und eine das Kindergemüt erfreuende Empfehlung mit auf den Weg.

Dem von Münchener Künstlerkreisen ausgegangenen Gedanken folgend, wurde im Jahre 1909 die Kollektion durch die Schaffung einer hübschen Serie von Charakterpuppen bereichert, der dann 1910 das heute noch den Markt beherrschende Charakterbaby folgte. Im Jahre 1911 brachte die Firma außer dem inzwischen als notwendige Folge aus dem Sitzbaby entwickelten Stehbaby einen neuen reizenden Babykopf (Nr. 2097) heraus, der dank seiner allgemein ansprechenden Schönheit sich einen dauernden Platz auf dem Puppenmarkt eroberte. Einen Markstein in der Geschichte der Firma bildet das Jahr 1913, in welchem die Celluloidfabrik für die Herstellung von Charakterbabys aus Celluloid eröffnet wurde. Das vorerwähnte Modell 1911 gab dem neuen »Herzbaby« jenen eigenartigen, unübertrefflichen Liebreiz, der ihm unter den bisherigen derartigen Erzeugnissen, die wenig Anspruch auf Schönheit und Natürlichkeit erheben konnten, einen raschen Siegeslauf sicherte. Wer kennt wohl nicht das Schmidtsche »Herzbaby«? Aus allen Schaufenstern der Spielwarengeschäfte lacht es uns entgegen. Der beste Beweis dafür, daß die Firma mit diesem Modell den Vogel abgeschossen hatte, zeigte sich aber darin, daß die Konkurrenz es für unumgänglich notwendig befunden hat, ihre Erzeugnisse nach diesem Modell zu veredeln. Im Kriegsjahr 1917 mußte die Celluloidfabrik wegen Rohstoffmangels leider geschlossen werden. Die im November 1918 versuchsweise wieder aufgenommene Fabrikation konnte aus dem vorerwähnten Grunde nicht aufrecht erhalten werden und erst ab 1920 erlaubte die inzwischen zu früherer Höhe gelangte Materialfabrikation die regelmäßige Fortführung des Betriebes. Eine weitere wichtige Ausdehnung und Vervollkommnung der Eigenproduktion erhielt das Unternehmen durch den im Jahre 1918 erfolgten Ankauf der renommierten Porzellanfabrik Baehr & Proeschild in Ohrdruf, in der die Firma ihre sämtlichen Porzellanköpfe selbst herstellt, außerdem aber auch alle Interessenten mit hübschen Porzellanpüppchen, Tee- und Nadelkissenpuppen und sonstigen einschlägigen Artikeln versorgt.

Eine weitere Befruchtung und Absatzverbesserung brachte der im Jahre 1919 geschaffene Celluloidbabykopf S mit Schlafaugen und Wimpern, der den Wünschen

nach unzerbrechlichen Köpfen entgegenkam. Dieser Kopf S sicherte neben dem Kopf G des ursprünglichen Modells nicht allein den Sitz- und Stehbabys der Firma einen erfreulichen Umsatz, sondern half auch mancher anderen Firma in den Sattel.

Dem beim Werdegang des Charakterbabys eingeschlagenen Weg folgend, wurde im Jahre 1924 das Stehbaby aus Celluloid mit gemaltem Haar und mit Schlafaugen und Perücke geschaffen, dem weiter ein höchst erfreulicher Erfolg beschieden war, denn diese an Schönheit und Auswahl unerreichten Serien dürfen heute in keinem Spielwarengeschäft, das Anspruch auf erstklassige Auswahl macht, fehlen. In dem steten Bestreben, der Kundschaft Neues zu bieten, hat die Firma neben den erfreulich bereicherten Celluloid-Stehbabyserien die seit dem Jahre 1913 fabrizierte Sitzbabyserie G in lebhaft bunter, die Kleidung ersetzender Bemalung herausgebracht, die auf der Herbstmesse 1925 großen Anklang gefunden hat und 1926 erst die weiteste Verbreitung erzielen dürfte.

Außer dem Ausbau der bisherigen bewährten Baby- und Kopfserien durch Schaffung neuer Größen, wird für das kommende Jahr ein drollige, originelle Neuheit, die in einer hübschen Auswahl von aus weißem Celluloid hergestellten, komischen Menschen- und Tierfiguren besteht, auf den Markt gebracht. Diese sind so eingerichtet, daß der Kopf abnehmbar ist und der zylinderförmige untere Teil zur Aufnahme von allerlei Kleinigkeiten, die zum ständigen Bedarf unserer Damenwelt, wie Ringen, Nadeln usw. gehören, dient. Aber auch kleine Parfümflakons und dergleichen lassen sich darin unterbringen. Diese Figuren, »Huddi« genannt, sind als glückbringend mit der Aufschrift: »Wenn's Glück dir lacht, ich hab's gebracht«, versehen und werden unzweifelhaft bei ihrem Auftauchen im Handel weiteste Verbreitung finden. Am Schluß des ersten Vierteljahrhunderts kann die Firma auf eine durch zielbewußte Arbeit erreichte hervorragende Entwicklung zurückblicken und wird in Interessentenkreisen stets mit an erster Stelle genannt. Die mannigfaltigen ansprechenden Erzeugnisse mit den Marken »Mein Goldherz« und »Herz« werden von allen Puppen- und Spielwarenhandlungen, die Wert auf zugkräftige Artikel legen, geschätzt und bilden eine wertvolle Bereicherung der Auswahl.

Asiatinnen, Orientalinnen, Mulattinnen oder Negerpuppen gehörten zum vielfältigen Angebot der Porzellanmanufaktur Simon & Halbig.

Die 54 cm große Doppelgelenk-Puppe mit ausdrucksvollem, feinbemaltem Biskuit-Kurbelkopf stammt von der Firma Heinrich Handwerck aus Waltershausen.

Von der Firma Ernst Heubach in Köppelsdorf stammt die 40 cm große Puppe mit den lustigen kleinen Grübchen im Kinn und auf den Händen.

Puppenküchen mit vielfältigem Zubehör und Herde mit prächtigen Töpfen und Kesseln trugen zur »Erlernung der Haushaltung« bei.

Rechte Seite:
Die 40 cm große Puppe stammt ebenfalls aus der beliebten Serie 275 der Köppelsdorfer Firma Heubach.

Die 39 cm große Puppendame in ihrem aufwendig geschneiderten zweiteiligen Seidenkostüm trägt an ihrem Biskuit-Brustkopf das Zeichen der Serie 370 von Armand Marseille.

Unten rechts: Die Würdigung Armand Marseilles wurde 1925 in der »Deutschen Spielwarenzeitung« veröffentlicht.

Köppelsdorf. Nach einer langen schweren Krankheit ist der Fabrikbesitzer Armand Marseille im Alter von 65 Jahren am 23. April verstorben.

Nachdem die Sonneberger Puppen früher nur mit Köpfen aus Papiermaché oder Wachs ausgestattet waren, war er einer der ersten, der nach langen, schwierigen Versuchen den heute allgemein verbreiteten Porzellankopf geschaffen hat und zwar war es sein wesentliches Verdienst, diesen Porzellankopf mit beweglichen Augen und echter Haarfrisur ausgestattet zu haben.

Herr Armand Marseille hat sich aus ganz kleinen Anfängen zu einer weit über die Grenzen Deutschlands hinausreichenden Bedeutung emporgearbeitet. Nach einer Tätigkeit als Volontär bei der Sonneberger Firma G. Lampert übernahm er im November 1885 eine damals noch kleine Porzellanfabrik Liebermann & Wegescher, in welcher er die erwähnte Arbeit an der Umgestaltung des Puppenkopfes begann. Durch die immer mehr verfeinerte Ausgestaltung dieser Neuheit gelang es ihm, bald das Werk immer mehr auszudehnen und einer dauernd wachsenden Anzahl von Arbeitern Erwerb zu verschaffen. Bei seiner unermüdlichen Schaffenskraft ruhte er auf dem bisher errungenen Erfolg nicht aus sondern gliederte mit Weitblick durch seine Fusion der Herstellung elektrotechnischer Porzellanartikel seinem Unternehmen an.

Es bedeutet einen außerordentlich schweren Verlust, in einer Zeit, in der wir der führenden Köpfe in unserer Industrie mehr als je bedürfen, wieder einen Mann zu verlieren der den weiten Ruf der deutschen Spielwarenindustrie mitbegründet und mit befestigt hat.

Die Originalausstattung der 34 cm großen Gelenkpuppe wurde noch nie gewaschen, daher sitzen Plisseefalten, Spitzen und Seidenbänder noch ganz unverändert. Die besonders gut erhaltene Puppe stammt aus der Serie 390 von Armand Marseille.

Der 39 cm große charaktervolle Puppenjunge aus der Reihe 114 von Kämmer & Reinhardt lehnt sich an eine 55 cm große Puppe, deren Glieder nicht mit Gummikordeln, sondern mit Spiralfedern befestigt sind. Sie quietscht und knarrt bei jeder Bewegung.

Obwohl der Kurbelkopf lediglich mit den Ziffern »192 - 10« bezeichnet ist, lassen die gute Porzellanqualität und feine Bemalung auf die Manufaktur Simon & Halbig schließen.

K.&R.

KÄMMER & REINHARDT A.G., WALTERSHAUSEN, THÜR.

Fabrik der Puppen „Mein Liebling"

ZUR MESSE: CONCENTRAHAUS, PETERSSTRASSE 26

Eine unserer Neuheiten 1925

die unbedingt haltbaren, formenschön ausgeführten Celluloidkinder unserer eigenen Herstellung

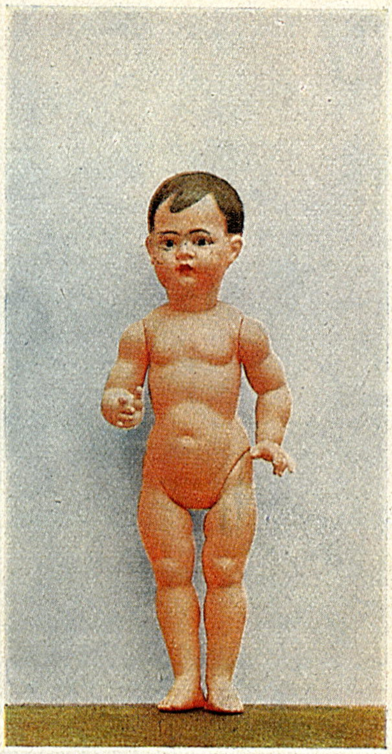

17715

514

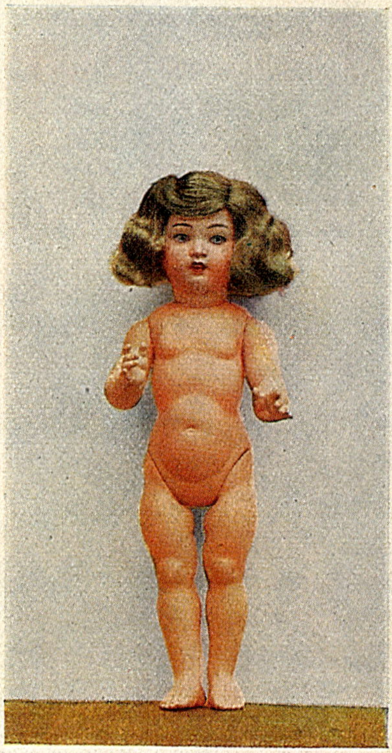

17717 N

Die vornehme neue Puppe „Mein neuer einziger Liebling" 3317, unser großer Erfolg 1924, hat ein süßes kleines Schwesterchen bekommen

„Unsere herzige Mammy".

Weich gestopfte, haltbare Puppen und Babies mit unserem neuen Gummikopf und Gummiarmen, federleichte Stopfung / Unser neues Lieblingsbaby mit Gummiarmen / Geschmackvoll gekleidete Puppen und Babies in allen Größen und Preislagen / Eine besonders preiswerte Sorte sind unsere neugekleideten Stoffpuppen mit Celluloidkopf und Gummihänden.

Der Boom der »Charakterbabys«

Auszug aus der Jubiläumsschrift »25 Jahre Kämmer & Reinhardt«, Waltershausen 1910.

Im Sommer 1908 auf der Münchener Ausstellung sah man eine Gruppe sogenannter Künstlerpuppen, die berechtigtes Aufsehen erregte, weil sie in der Tat ganz Neues bot. Die Idee zur Anfertigung dieser Puppen ging von Münchener Künstlern aus, die behaupteten, daß die alten Puppenköpfe schablonisiert und infolge ihrer unnatürlichen Idealisierung nichtssagend seien. Obwohl diesen Ausführungen eine Berechtigung nicht abzusprechen war – auch die von den Künstlern behauptete Stagnation in der Puppenbranche war nicht zu leugnen, hatten wir doch 23 Jahre lang mit einem einzigen Modell den Markt beherrscht – und obwohl der ausgestellten Gruppe von Künstlerpuppen ein Erfolg beschieden war, kamen wir bei näherer Betrachtung doch zu der Überzeugung, daß dieser Erfolg, abgesehen von der absoluten Neuheit, hauptsächlich durch das künstlerische Arrangement und die Farbenwirkung der Kostüme erziehlt wurde. Die meisten Köpfe einzeln betrachtet, fanden wir häßlich. Die Künstler, die jene Köpfe hergestellt haben, mögen uns diese herbe Kritik verzeihen, wir waren ja selber unsicher über die Berechtigung unseres absprechenden Urteils, mußten wir doch befürchten, durch Vorurteil befangen zu sein! Immerhin verkannten wir nicht den guten Kern, der in der neuen Bewegung steckte, das rechnen wir uns als unser Verdienst an und demgemäß beschlossen wir, den von Münchener Künstlern eingeschlagenen Weg weiter zu gehen. Wir wandten uns zu diesem Zwecke an einen besonders empfohlenen Berliner Künstler und nach eingehender Konferenz zeigte uns dieser die von ihm angefertigte Bronzebüste vom Kopfe eines etwa sechs Wochen alten Kindes, den er uns zur Benutzung für die Puppenfabrikation empfahl. Das ist unser berühmter Babykopf! Wir müssen gestehen, daß wir, so sehr wir die eigenartige Schönheit dieses Kopfes anerkannten, uns doch nur schwer zu dessen Einführung entschlossen haben, weil uns der Kopf zu realistisch war. Um so überraschender ist der Erfolg, den wir damit gehabt haben und der, das dürfen wir wohl sagen, einzig ist in den Annalen der Puppenfabrikation!

Außer dem Babykopf fertigte uns unser Berliner Künstler noch einige andere Modelle, da er inzwischen lebhaftes Interesse an der Bewegung gefunden hatte. Auch Herr Geheimer Kommerzienrat Halbig unterstützte uns auf das Tatkräftigste in der ganzen Angelegenheit und wir halten es für unsere Pflicht, dies öffentlich zu bekunden und ihm unsern wärmsten Dank dafür auszusprechen.

Nun, also 1909, kamen wir mit den neuen Puppen heraus und tauften sie im Gegensatz zu den Münchener Künstlerpuppen »Charakterpuppen«, eine Bezeichnung, die inzwischen die ganze Welt aufgenommen hat. Mit unseren neuen Mustern ist es uns damals eigentümlich ergangen! Die Kundschaft entschloß sich nur schwer zu dem neuen Artikel und selbst in Berlin konnten wir auf unserer Ausstellung Januar 1909 von Babies nur wenige Musterstücke verkaufen, nur ein einziger Freund hatte den Mut, einige Dutzend davon zu bestellen! Wir schickten also die Muster, die uns in Auftrag gegeben waren hinaus und nun geschah das Wunderbare: Wohl jeder, der die Muster bekommen hatte, schrieb uns alsbald nach deren Eintreffen, daß sie verkauft seien, er gab jetzt eine größere Bestellung per sofort, auch das wurde gleich verkauft und so dauerte es denn gar nicht lange, bis wir mit Aufträgen derart bestürmt wurden, daß wir schon 1909 nicht an-

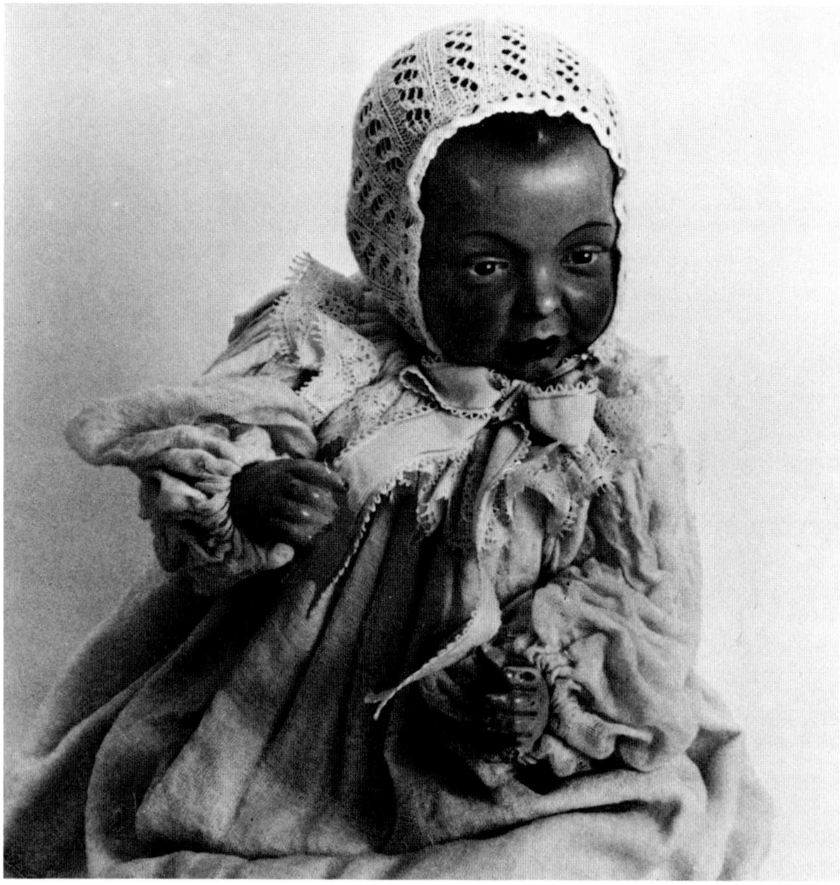

Als Modell für das »Charakterbaby 100« diente der Firma Kämmer & Reinhardt die Bronzebüste eines etwa sechs Wochen alten Kindes.

nähernd liefern konnten, was die Kundschaft von uns verlangte. – Es gilt hauptsächlich für die Babies, aber auch das von unserem Berliner Künstler herrührende Modell »Peter« und »Marie« wurden schnell beliebt.

Abgesehen von den Köpfen hatten wir uns freilich auch sonst Mühe gegeben, die »Charakterpuppen« originell auszustatten. Die Puppen wurden in Mattlack ausgeführt, was das einzig Natürliche ist. Schon Jahre lang vorher hatten wir uns vergeblich bemüht, für diese von uns in Amerika schon lange eingeführten Mattlackpuppen auch den europäischen Markt zu gewinnen, aber immer vergeblich, nun mit einem Male sah man ein, daß es so sein müsse. Im Gegensatz zu dem alten Flitterkram gaben wir den Puppen praktische und natürliche Hemden und auch mit den Frisuren gaben wir uns Mühe, der Wirklichkeit nahe zu kommen.

Jetzt betrauten wir nun unsern eigenen Modelleur mit der Anfertigung eines Kopfes. Der Enkel unseres Franz Reinhardt diente als Modell, das ist unser »Hans« und unser »Gretchen«, der Erfolg von 1910!

Die Charakterpuppen würden sich vielleicht noch schneller eingeführt haben, wenn es gelungen wäre, sie ohne Nachteil für den Gesichtsausdruck mit Schlafaugen, anzufertigen. Wir können diese Frage noch nicht als gelöst betrachten und das dürfte auch ein wesentlicher Grund sein, weshalb die Puppen alten Stiles unverändert weiter gekauft werden und sich nicht werden verdrängen lassen.

So beispiellos und ehrend unser Erfolg mit den Charakterpuppen war, so unangenehm ist unsere Lage dieses Jahr dadurch geworden, daß wir kurz nach der März-Messe für das ganze Jahr mit Aufträgen voll besetzt waren. Wir mußten unsern Reisenden zurückrufen, bei allen unsern Vertretern, Grossisten und Ankleidegeschäften unsere Ausstellungen zurückziehen und mußten zu unserem täglichen Leidwesen alle weiteren Aufträge selbst von unseren besten, ältesten und treuesten Kunden ablehnen. So bedauerlich das ist, wird es uns doch kein Verständiger nachtragen, denn: Ultra posse nemo obligatur!

Jedenfalls nehmen wir für uns das Verdienst in Anspruch, durch unsere Charakterpuppen der gesamten Puppenindustrie zu neuer Blüte verholfen zu haben. Fast jeder, der in dieser Branche seine Existenz findet, sei er nun Fabrikant, Arbeiter, Grossist, Ankleider oder Detaillist, sie alle haben den Vorteil davon.

Wir beanspruchen keinen Dank dafür, aber wir beanspruchen seitens der anderen Fabrikanten wenigstens das – leider nicht immer gewahrte – Taktgefühl, genaue Kopien unserer Fabrikate zu unterlassen und wir beanspruchen von unserer nobeldenkenden Kundschaft, daß sie unlauteren Nachbildungen nicht die Hand reicht.

Wegen Nachbildung unserer Charakterköpfe haben wir leider Prozesse führen müssen, die wir natürlich gewonnen haben. Nach rechtskräftiger Entscheidung des Oberlandesgerichtes in Jena genießen unsere Köpfe den Schutz des Gesetzes betr. Urheberrecht an Werken bildender Künste und wir dürfen überall, wo es auch sei, Puppen, die gegen unsere Rechte verstoßen, mit Beschlag belegen lassen. Wenn wir von diesem unsern Rechte auch bisher noch keinen Gebrauch gemacht haben, so schließt das doch nicht aus, daß wir gegebenenfalls dazu schreiten werden.

Ebenfalls aus der erfolgreichen »Charakterpuppen«-Serie der Firma Kämmer & Reinhardt stammen die beiden Babies »115/A« (links) und »126« (rechts).

Der leicht schmollende, naturalistische Gesichtsausdruck des Knaben verlieh dieser beliebten, kostbaren Puppe den Beinamen »Pouty« (Schmoller).

Ein komplizierter Gegengewichtsmechanismus läßt die 44 cm große Puppe nicht nur schlafen, sondern auch nach rechts und links blicken. Sie trägt die Bezeichnung »117 n« von Kämmer & Reinhardt.

Die 48 cm große Kugelgelenk-Puppe trägt im Nacken des Biskuitkopfes die Signatur der Manufaktur Simon & Halbig »SH - D.E.P. 8«.

Unter dem Ansatz der Echthaarperücke ist der Biskuitkopf mit einem Anker, den Initialen »L.C. - C.« und der Ziffer 3 bezeichnet. Die Gliederpuppe ist 51 cm groß.

Die beliebte Echtphoto-Postkarte wurde 1906 in mehreren Serien hergestellt.

Der ausdrucksvolle Biskuit-Kurbelkopf der Manufaktur Simon & Halbig wurde um die Jahrhundertwende in großen Mengen produziert.

1509/30
1509/33
1509/40
1509/45
1509/50
1508/45
1510/40
1516/38
1516/33
1510/30
1239/26
1163/30
1164/36
1247/40
1146/40
1145/40
1240/35
1174/30

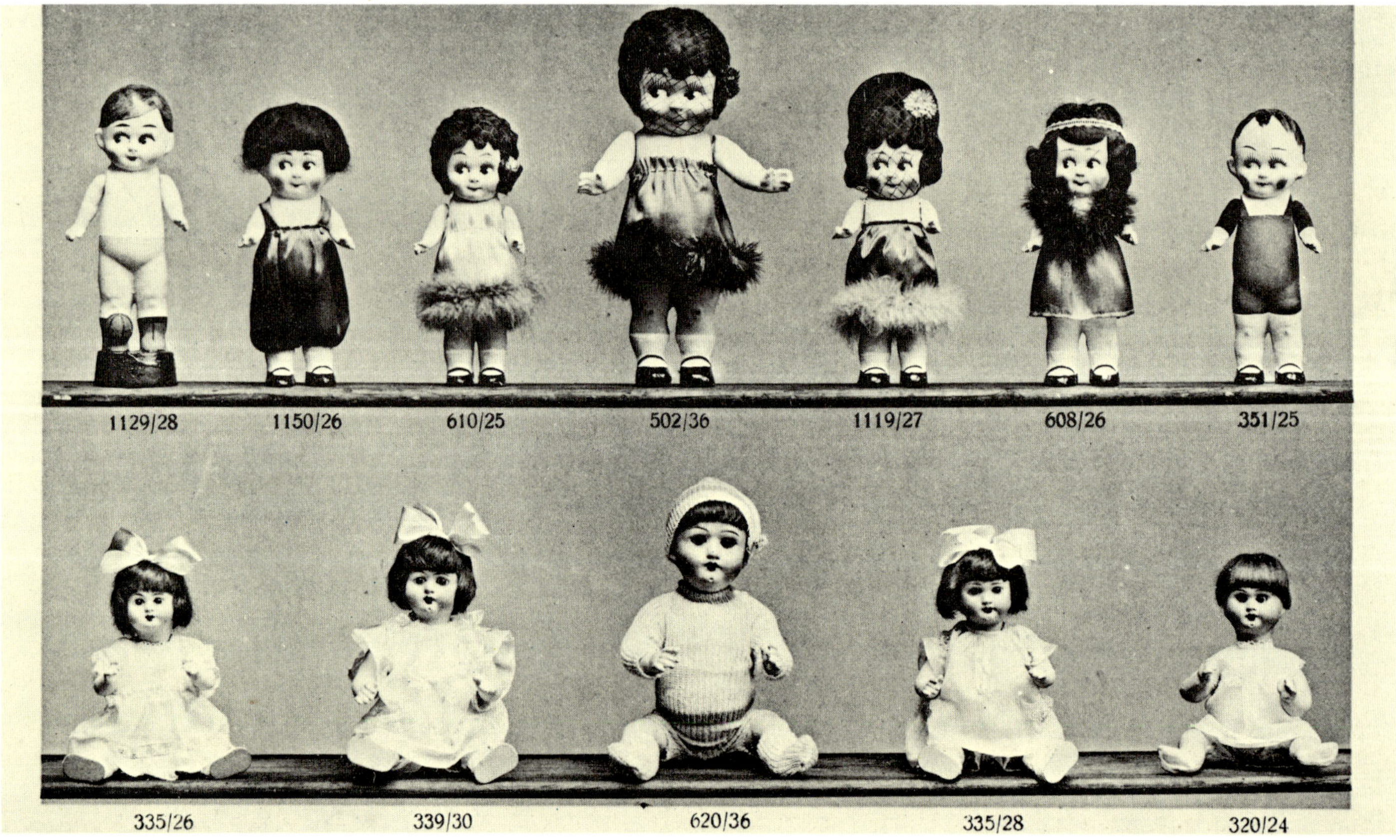
1129/28
1150/26
610/25
502/36
1119/27
608/26
351/25
335/26
339/30
620/36
335/28
320/24

Darf man Puppen normen? Eine Kontroverse

Auszug aus einem Aufsatz von Ing. P. Zierow und einem Leserbrief aus der »Deutschen Spielwarenzeitung« von 1925.

Schon jahrelang klagt man über die hohen Steuern und Zölle, die unseren einst so stattlichen Export lahmlegen und schließlich den Zusammenbruch der deutschen Puppenindustrie herbeiführen werden. Aber die Preislisten bekannter Puppenfabriken zeigen uns heute noch 25 bis 28 verschiedene Größen von Kugelgelenkpuppen in dem Bereich von 18 bis 100 cm.

Durch die ungeheure Größenzahl wird den Puppenreparaturwerkstätten in der Hauptgeschäftszeit vor dem Weihnachtsfest die Arbeit sehr erschwert. Das Auswählen der richtigen Ersatzteilgrößen macht besonders den zu dieser Zeit eingestellten Hilfskräften Schwierigkeiten, verursacht Befragen älterer Arbeiterinnen, Störungen und Zeitverlust. Bei einer geringeren Größenzahl treten diese Nachteile jedoch nicht auf; die Zuordnung der Glieder wird jetzt viel augenfälliger sein und keine Rückfragen mehr erfordern.

Da nicht nur einzelne Fabriken eine Einschränkung in ihren Größen vornehmen sollen, sondern wahrscheinlich von einer zentralen Stelle eine Norm herausgebracht werden muß, aus der diejenigen Größen zu ersehen sind, die als normale Erzeugnisse hergestellt werden dürfen, so wird die Ersparnis an Formen nicht allein in den Puppenfabriken, sondern auch in jenen Zelluloid- und Porzellanfabriken auftreten, die fremde Werke mit ihren Köpfen beliefern. Die Formen der Hals-, Arm- und Schenkelpfannen sind zu vereinheitlichen, um den Bezug von Rohteilen, z. B. von gepreßten Pappschenkeln, Gummihänden, von Spezialfabriken zu ermöglichen.

Daß bei einem solchen Vorgehen die künstlerischen Formen der zu normenden Teile, aber auch patentamtlich geschützte Ausführungen völlig unangetastet bleiben können und zu keinerlei Beanstandungen Veranlassung geben, ist in vielen Fällen in der Maschinen-, der Motorwagenindustrie und anderen Stellen erwiesen worden. Man kann wohl kaum sagen, daß ein modernes Auto nicht mindestens ebenso formvollendet ist, wie ein Wagen vor mehreren Jahren, als man in der Automobilindustrie noch nichts von Normung wußte. Auch bei den Puppen sollen ja keineswegs die Gesichtszüge und Gestalten genormt werden, sondern gerade auf diesem Gebiet sind dem künstlerischen Können der Modelleure keine Schranken gesetzt.

Den größten Nutzen wird unsere Puppenindustrie jedoch erst indirekt durch die Normung erzielen, indem die Möglichkeit erkannt und richtig ausgewertet wird, jetzt zu einer weitgehenden Spezialisierung schreiten zu können. Solange noch das Fertigungsprogramm eines mittleren Werkes 30 verschiedene Puppen enthält, ist es natürlich ausgeschlossen, daß sich wirklich neuzeitliche Erzeugungsmethoden, z. B. Bandarbeit, in den Puppenfabriken einführen lassen. Es zeigt sich mehr und mehr die Notwendigkeit, Erzeugungsweisen anzuwenden, durch die das für Rohstoffe und Halbfabrikate angelegte Kapital auf schnellstem Wege durch die Fabrik läuft, was wiederum nicht durch Arbeiten in kleinen Serien und auf Lager arbeiten, erreicht wird. Erst die weitgehende Einführung einer wirtschaftlichen Fertigung ermöglicht, mit dem Ausland wieder in Wettbewerb zu treten und unseren Export zurückzugewinnen.

Mögen die hier gegebenen Ausführungen dazu führen, einen Zusammenschluß der deutschen Puppenfabrikanten und die Einsetzung eines Ausschusses für die Bearbei-

Linke Seite:
Zwei Seiten aus dem »Spezial-Katalog über unzerbrechliche Puppen und Spielwaren« der Gebr. Süssenguth in Neustadt.

Die sogenannten »Googly-Puppen« sind gesuchte Sammlerstücke. Charakteristisch für diesen Puppentyp sind die großen, seitlich blickenden Augen.

tung dieser Normungsfragen in die Wege zu leiten. Ein scharf gefaßter Arbeitsplan in die Hände geeigneter, mit der Puppenbranche vertrauter Normfachleute gelegt, wird die beste und schnellste Lösung der Aufgaben gewährleisten und den ersten Schritt für die Gesundung dieser Industrie bedeuten.

*

Wenn Herr Ingenieur P. Zierow glaubt, daß es einer Steigerung bei den Puppen von 60 auf 62 und 64 nicht bedürfe, so zeugt es eben davon, daß derselbe in der Puppenbranche absolut unbewandert ist. Sonst müßte er wissen, daß diese knappen Steigerungen entstanden sind, um die Artikel in gewisse Preislagen, welche vom Ausland vorgeschrieben werden, hineinzuzwängen. In Waltershausen und Sonneberg weiß z. B. jedes Kind, was eine Dollar-Linie bedeutet und daß die Größe der Puppe fast von Jahr zu Jahr um einen oder zwei Zentimeter bei gleichem Preis gewachsen ist. Jeder Fabrikant kämpft darum, immer Besseres, immer Größeres, immer Schöneres für den feststehenden Preis auf den Markt zu bringen; dadurch entstand auch die Vielseitigkeit und die Differenziertheit, zumal über den Geschmack bekanntlich nicht zu streiten ist. Wollten wir heute mit zehn oder zwölf Mustern vor die Käufer treten, so würden wir einfach ausgelacht. Auch würde es dem Käufer außerordentlich leicht sein, einen Fabrikanten gegen den anderen auszuspielen. Der individuellen Geschmacksrichtung könnte keine Rechnung getragen werden und es würde der Verkaufspreis in einer Weise herabgedrückt, daß weder Arbeitgeber noch Arbeitnehmer zu existieren vermöchten. Sind doch heute schon in der Puppenbranche die Verkaufspreise kaum noch als gewinnbringend zu bezeichnen. Wenn Herr Ingenieur P. Zierow glaubt, daß durch Massenfabrikation eine billigere Herstellungsmöglichkeit herauszubringen sei, so soll er doch einmal sich die Aufträge, welche große ausländische Häuser erteilen, ansehen. Mengen von 1000, ja 5000 Dutzend sind wohl genügend, um, falls sich eine leichtere und günstigere Produktionsmöglichkeit ergäbe, diese in Anwendung zu bringen. Puppen sind aber bis auf die Pappstanzerei einzelner Teile kein maschinelles Fabrikat, sondern werden rein handwerksmäßig und fast ausschließlich durch speziell handwerksmäßig ausgebildeter Fachkräfte hergestellt. Ein Vergleich mit der Automobilindustrie mutet den Fachmann an wie ein Vergleich zwischen Mücke und Elefant. Eine maschinelle Herstellung ist bis jetzt noch nicht erdacht, vielleicht kann uns aber der Herr Ingenieur irgendwie etwas raten, womit wir die einzelnen Produktionvorgänge durch maschinelle Prozeduren ersetzen. Allerdings ist der augenblickliche Zeitpunkt der Kapitalknappheit, die gerade in der Spielwarenindustrie katastrophal ist, zu Versuchen mit kostspieligen maschinellen Anlagen nicht geeignet. Die zarte Rücksichtnahme des Herrn P. Zierow auf die Puppen-Reparaturwerkstätten wird von den Fabrikanten kaum geteilt, denn diese Anstalten sind in den meisten Ländern unbekannt, weil die Geringwertigkeit des Artikels eine Reparatur selten rentabel erscheinen läßt. Wird doch der weitaus größte Teil der Puppen noch unter dem Preis von Mk. 3.– detailliert. Durch die Vielseitigkeit der Puppenbranche wird nicht allein das Publikum zum Kauf gereizt, sondern auch jedem Fabrikanten der Spielraum zur eigenen Betätigung seiner Phantasie und seines Geschmacks gegeben, ihm die Existenzmöglichkeit bei Fleiß, Tüchtigkeit und Schönheitssinn gesichert und auch die Möglichkeit geboten, jedem Land das, was in seine Preislagen und seine Geld- und Zollverhältnisse paßt, zu liefern. Mit einer Normalisierung und Typisierung würden keinerlei Vorteile verknüpft sein, denn eine Verbilligung der Herstellung läßt sich nicht damit erreichen. Es entstehen daher weder dem Fabrikanten, noch dem Händler, noch dem Käufer irgendwelche Vorteile. Von der Bevormundung der Industrie durch irgendeine Zentralstelle, die die Typen und Normen festlegt, braucht gar nicht gesprochen zu werden, denn wir haben Aemter und Beamte in unserem notleidenden Vaterland gerade genug, auch dürfen wir an Steuern und sozialen Abgaben sehr reichlich zahlen, so daß wir der Schaffung einer weiteren unproduktiven, mit behördlichen Rechten ausgestatteten Stelle, die viel Geld kosten würde, wohl entraten können. Wir wollen daher dem Herrn Zierow seine Ideen zur eigenen Ausarbeitung und zum eigenen Nutzen überlassen. Vielleicht bringt er es fertig, uns alle dann durch seine verbesserten Produktionsmöglichkeiten und Ideen aus dem Feld zu schlagen.

Praktikus.

Die prächtige Gelenkpuppe von der Firma Handwerck wurde mit einem aufwendig bestickten, russischen Seidenkostüm ausstaffiert.

Die Puppe von Armand Marseille erhielt um 1900 die Tracht einer Bückeburgerin.

Die Puppenhochburg Neustadt bei Coburg

Auszug aus einem 1925 erschienenem Aufsatz von Carl Hartmann.

Zwischen Nürnberg und Leipzig – das hat seine symbolische Bedeutung –, an der Grenze von Thüringen und Franken, liegt am Fuße des seltsamen und wundervollen Muppergs das kleine Neustadt bei Coburg. Klein und bescheiden und doch von Bedeutung für die Entwicklung der deutschen Puppen- und Spielwarenindustrie, neben Sonneberg und Waltershausen die dritte Puppenstadt, an der Anzahl der Betriebsstätten gemessen, kann man getrost sagen, die Puppenstadt.

Es ist gar kein Zweifel, daß die Entstehung der Industrie mit der großen Handelsstraße Nürnberg-Leipzig oder Nürnberg-Erfurt in Zusammenhang steht. Unsere Neustädter Gegend war der Kreuzungspunkt zweier, vielleicht dreier, großer alter Straßen. Hier ist die Straße aus den Donauländern und Böhmen und der alte Venetianerweg nach Erfurt und an die Ostsee durchgegangen. Direkt hinter Neustadt gabelte sich die Nürnberger Handelsstraße in den Zweig nach Erfurt und Leipzig. Und in dieser bedeutenden Straße, die wohl den Hauptteil des Verkehrs zwischen Mittelmeer und Ostsee, zwischen Süd- und Ostdeutschland über sich gehen sah, lag Neustadt, man darf wohl sagen, als offizielle Etappenstation. Daß an einer solchen Stelle, an der jährlich wohl fünftausend Kaufmannswagen Rast halten mußten, die Keime für die Entwicklung einer aus Nürnberg kommenden Hausindustrie liegen könnten, ist klar. – Tatsächlich lassen sich an der Hand des Neustädter Kirchenbuches die Anfänge der Industrie – sie war zweifellos zunächst Holzindustrie – schon vor 1578 nachweisen.

Es ist ja anzunehmen, daß die Industrie am Anfang lediglich ein winterlicher Nebenberuf für Bauern oder Handwerker war, trotzdem waren um jene Zeit schon drei Neustädter Familien nachweislich mit Holzschnitzerei im Hauptberuf beschäftigt, die sogenannten Ludelmänner. Der Neustädter Handel hatte sich bereits vor dem 30jährigen Krieg entwickelt, zunächst mit den Erzeugnissen des heimischen Bodens und der vom Reiseverkehr lebenden Handwerker. Auch die Kaufleute, die später mit den Erzeugnissen der Spielwarenindustrie handelten, sind aus Handwerkern hervorgegangen. Aus Huf- und Nagelschmieden wurden Eisenhandlungen, die auch Kienruß, Pech, Harz etc. vertrieben und schließlich Spielwarengeschäfte. Der Handel scheint vor allem nach Frankfurt am Main gegangen zu sein, denn mit dieser Stadt und anderen an dem Weg nach Frankfurt liegenden Orten wurden häufig Familienbeziehungen angeknüpft.

Noch Ende des 17. Jahrhunderts scheint der Neustädter Handel den Sonnebergs übertroffen zu haben, so beklagt sich 1684 der Rat zu Sonneberg bitter darüber: »Es scheine, als wolle Neustadt das arme Städtlein Sonneberg gar unterdrücken und in gänzlichen Ruin setzen, da doch die Nahrung ohnedem gar schlecht und gering, liegt dazu im Winkel, da weder Straß noch anderes durchgehet, wovon man einigen Nutz zu nehmen hätte«. Die damaligen Neustädter Handelsherren kamen gut vorwärts, in ihren Händen kommt nach und nach ein starker Grundbesitz zusammen, nicht bloß in der Stadt, sondern auch auswärts. – So können Holtzheys, sowohl das Rittergut Birkig, als auch das Schloß in Sonneberg kaufen. – Auch auswärtige Handelsherren siedeln sich in Neustadt an, so der Italiener Morassi, der Schweizer Falck, die Frankfurter Meyer & Ebstein. – Sehr stark scheint auch der Handel mit Erzeugnissen der Leinweberei, der

Linke Seite: Die Aufnahmen wurden ebenfalls Anfang des 20. Jahrhunderts in Neustädter Betrieben gemacht.

Gerberei und Färberei gewesen zu sein, daneben taucht aber bereits um 1672 ein Beruf auf, der den Uebergang zur eigentlichen Spielwarenfabrikation bildet, die Schachtelmaler. Dieser Beruf gewinnt um die Mitte des 18. Jahrhunderts an Bedeutung. – Zwei von auswärts kommende Familien, die Greiner und die Reißmann, von denen besonders die Familie Reißmann künstlerisch hochbegabt ist, werden auf Generationen hinaus als Schachtelmaler und Bossierer die Gründer und Hauptvertreter eines neuen Industriezweiges. Was diese Leute an künstlerischen Qualitäten hatten, davon zeugen die wundervollen Blumenmalereien an den Neustädter Schützenscheiben. – Fast gleichzeitig mit der Entwicklung der Schachtelmalerei brachte die Erfindung einer neuen Masse neue Keime für die Entwicklung einer Heimindustrie: man fing an, die rohgeschnitzten Spielsachen mit einer formbaren Masse, aus einer Art Mehlteich, zu umkleiden, so erhielt man die ersten »bossierten« Erzeugnisse. Um 1786 hatte Neustadt seine ersten Puppenmacher. – Aber erst in den vierziger Jahren des vorigen Jahrhunderts kam neues Leben in die alte Bossierer- und Puppenmacherzunft.

Und dieser Fortschritt ist in der Hauptsache an den Namen des Altmeisters Ernst Dorn geknüpft. Auch hier war es wieder der künstlerische Zug, der den Fortschritt brachte. – Dorn, ein außerordentlich begabter Mann – sein künstlerisches Talent hat sich auch auf zwei seiner Enkel, die Münchener Künstler Karl Arnold und Ernst Dorn vererbt – übernahm es, einen tüchtigen Stamm von Modelleuren und Bossierern heranzuziehen. Wie ihm dies gelungen ist, zeigt auch die Tatsache, daß vier seiner Schüler Akademie-Professoren geworden sind. Die von Dorn gegründete Neustädter Industrieschule – Sonneberg ist diesem Vorbild erst viel später gefolgt – ist zu einem großen Segen für die Industrie geworden; sein Geist lebt heute noch in den Bossiererwerkstätten und wenn sich die Neustädter Bossiererzunft durch die Reichhaltigkeit der Erfindung und seine künstlerische Ausführung auszeichnet, so ist auch das ein Erbe des alten Ernst Dorn. – Mit der Verbesserung der Puppe selbst hat sich Dorn leider nicht beschäftigt. – Die Vervollkommnung, welche die Puppe durch Verwendung von Papiermaché, Wachsmasse, Mattlack etc. erfuhr, wozu später noch der verbesserte Porzellankopf kam, ließ allmählich die Puppenmacher die Oberhand über die Bossierer gewinnen.

Vor etwa 4–5 Jahrzehnten setzte ein neuer Fabrikationszweig in Neustadt ein, es war die gekleidete Gelenkpuppe. Ein Großbetrieb nahm die Herstellung gekleideter Puppen auf, und dessen Fabrikate wurden in den 90er Jahren auf mehreren Weltausstellungen mit Auszeichnungen bedacht. – Einige Jahre später entstand eine zweite Fabrik, welche es sich ebenfalls angelegen sein ließ, zur Veredelung des Geschmacks dieser Branche mit beizutragen. – Den beiden bahnbrechenden Firmen folgten im Laufe der nächsten Jahrzehnte eine stattliche Anzahl weiterer Betriebe, von denen ein großer Teil aus den genannten älteren Betrieben hervorging, und es sei auch hier gesagt, daß es manchem von ihnen gelungen ist, eine hübsche gangbare Ware auf den Markt zu bringen. – Es ist im Laufe der Zeit durch die Anzahl der Betriebe eine Vielseitigkeit und Reichhaltigkeit in der Herstellung gekleideter Puppen entstanden, welche dazu beigetragen, daß diese Erzeugnisse auch den Anforderungen der so verschiedenartig gelagerten Auslandsmärkte gerecht werden konnten.

Lassen wir die Entwicklung der Neustädter Puppen- und Spielwarenindustrie an unserem geistigen Auge vorüberziehen, soweit wir sie aus eigener Erfahrung in den letzten vier Jahrzehnten zurückverfolgen können, so machen wir folgende Wahrnehmungen: von 1880 bis 1890, die Zahl der Betriebsstätten vermehrte sich, ältere Gesellen, die viele Jahre bei ihrem Meister gearbeitet, gründen, ausgerüstet mit fachmännischem Können, eigene Hausindustriebetriebe. Die wachsierte Puppe (der Täufling) ist zunächst noch der Massenartikel und findet hauptsächlich in England und Amerika guten Absatz. Neben der gekleideten Puppe wird auch die Hemdenpuppe-, Doppelgelenk- und Steifgelenkpuppe, sowie die altbeliebte Wachsgußpuppe, viel gekauft. Ferner werden Puppengestelle (Bälge) aus Shirting, Leinwand, Wachstuch, Leder und Lederimitation etc. in Spezialbetrieben in großen Mengen hergestellt, die sogenannten Dockenstopfer finden, wie schon in früheren Jahrzehnten, gute Beschäftigung. – Gegen Ende der 80er Jahre wird der wachsierte Täufling mehr vom Mattlacktäufling verdrängt. –

1890–1900. Die wachsierte Puppe tritt weiter in den Hintergrund, dafür vermehrt sich jedoch die Nachfrage nach der Mattlackpuppe, wegen ihrer größeren Widerstandsfähigkeit in den tropischen Ländern. Die gekleidete Gelenkpuppe übernimmt eine führende Rolle, nachdem die verbesserten Modelle der Porzellanköpfe ihr ein gefälligeres Aussehen gegeben haben. – Es erscheint weiter eine Spezialfabrikation von unzerbrechlichen Puppen auf Pappkörpern mit Stoffüberzug und mit Köpfen aus geprägter Pappe auf dem Markt, dieselben finden günstige Aufnahme, besonders in Ländern mit hohen Gewichtszöllen. –

1900–1910: Mattlackpuppen, Doppelgelenkpuppen bis zum feinsten Genre gekleidete Puppen in allen Qualitäten und Preislagen finden ständige Abnehmer. – Der Wettbewerb ist jedoch sehr stark unter den Fabrikanten, so daß die Preisbewegung eine rückläufige wird. Im Laufe dieses Jahrzehnts kommt ein neuer Industriezweig in unsere Stadt, es ist die Fabrikation von Stofftieren, Bären, Eskimopuppen aus Plüsch und Filz, worunter die Teddy-Bären sich einer großen Nachfrage erfreuen. Neu hinzu kommt das »Charakter-Baby«, welches ebenfalls gern gekauft wird. In diese Zeit fällt auch die Erfindung der «singenden und sprechenden Puppe Arnola« (ihre Fabrikation wurde jedoch bei Beginn des Krieges eingestellt, da der Erfinder sich auf andere Industriegroßbetriebe einstellte).

1910–1914: Das neue Jahrzehnt bewegt sich in ähnlichen Bahnen wie die letzten Jahre des vorigen. Es entstehen noch eine größere Anzahl Pappstanzereien, welche Puppenkörper und Glieder herstellen, der gedruckte Papiermachékörper verschwindet mehr und mehr. – Diesem Aufstieg und der rastlosen Tätigkeit auf allen Gebieten unserer heimischen Industrie war aber mit dem Kriegsausbruch ein jäher Stillstand geboten. – Nach der Kriegszeit folgte die Zeit der Inflation mit ihren ruinösen Begleiterscheinungen, die unserer Industrie, trotz ungeheurer Nachfrage, viel mehr Schaden als Nutzen gebracht hat.

In den letzten Jahren werden von zahlreichen Hausgewerbetreibenden die zuerst in Amerika hergestellten Maskottchen in den Größen von 10 bis 37 cm gemacht. Ausgestattet mit einem Batist- oder Seidenkleidchen, bei den größeren Sorten mit einem Schleier über der hoch aufgetürmten Frisur und dem Gesichtchen, bilden sie wohl weniger ein Spielzeug für Kinder als eine Liebhaberei der Damen. Dasselbe läßt sich von der sogenannten Traumpuppe oder Geisha sagen.

Dem vorigen Jahr wurde der Stempel aufgedrückt von der Lauf- und Sprechpuppe, einer mit Holzwolle oder Haaren gestopften, mit unzerbrechlichem Kopf, Armen und Beinen versehenen Mamapuppe, die sich schnell den Markt erobert hat, die aber in diesem Jahr schon weniger begehrt wurde. Die Neuheit bildet jetzt das »Neugeborene Baby« mit seinem nicht gerade schönen, aber naturgetreu modellierten Porzellankopf, Schlafaugen, Weinstimme, und mit einem Tragkleidchen angetan. Gute Aufnahme fin-

Karl Nusspickel aus Neustadt nimmt Roh- und Fertigware der umliegenden Heimwerker entgegen.

Einen Metallbrustkopf mit der Bezeichnung »Minerva« von der Firma Buschow & Beck besitzt die 56 cm große Puppe. Ihr Lederkörper, mit Unterarmen aus Biskuit, ist im Gesäß und in den Kniegelenken beweglich.

det auch die unzerbrechliche Künstlerpuppe in Filzkleidung, der wohl die nächste Zukunft gehören wird.

Das Bossierergewerbe bewegte sich in den oben angeführten Jahrzehnten in ruhigeren Bahnen. Die Meister stellen zunächst ausschließlich Figuren auf Papiermaché her, darunter auch solche an Gummifäden, die bei sehr niedrigen Preisen in großen Mengen durch Verleger in Neustadt und Sonneberg nach England abgesetzt werden. – Durch die Tüchtigkeit des bereits erwähnten Altmeisters Dorn kommt bald die Herstellung von Tieren nach vorzüglichen Modellen, denen wir heute noch in hiesigen Werkstätten begegnen, in Aufnahme. – Erst Mitte der 80er Jahre erscheint der Osterhase auf der Bildfläche, der bald alle anderen Tierattrappen weit überholt und im Laufe der Jahre in immer größeren Mengen auf dem inländischen und amerikanischen Markt Absatz findet, so daß heute viele fleißige Hände mit seiner Herstellung Beschäftigung finden. – Massenartikel bilden im ersten Jahrzehnt des neuen Jahrhunderts auch die in großen Posten nach Amerika abgesetzten Transparentköpfe und andere Halloweenartikel. – Wie es aber nun einmal bei Massenartikeln unvermeidlich ist, sie zeitigen stets eine rückgängige Preisbewegung. Der Verdienst ist heute an diesen Sachen ein recht karger, liegen doch die Preise, trotz der erhöhten Gestehungskosten, meist nur unwesentlich über den Vorkriegspreisen.

Die Vielseitigkeit des Bossierergewerbes tritt jedem entgegen, der einmal Gelegenheit hatte, die reichhaltigen Kollektionen der hiesigen Exporthäuser zu besichtigen. Hier finden wir neben Puppen jeden Genres die mannigfaltigsten Spielwaren vertreten. Die Tausende von verschiedenartigen Mustern aber, wie Figuren, Tiere, Früchte und andere Imitationen, geben Kunde vom Neustädter Kunstfleiß und der Schaffensfreude, welche unserem alten Bossiererberuf innewohnt. – Schwankungen in der Beschäftigung und Rückschläge sind jedoch auch diesem Industriezweig nicht erspart geblieben.

Noch befindet sich die hiesige Spielwaren- und Puppenindustrie in einer schweren Krisis, man verlangt durchweg niedrige Preise für das Fertigfabrikat, auf der anderen Seite sind jedoch die Rohstoffpreise für Farben, Leim, Textilien, Mohair etc. gegenüber den Vorkriegsjahren ganz bedeutend gestiegen. Steuern aller Art die man früher nicht kannte, lasten hart auch auf dem kleinsten Betrieb, Geldknappheit, unerschwinglich hohe Bankzinsen wirken hemmend auf die ganze Industrie. Große Märkte sind uns durch rigorose Einfuhrzölle schwer zugängig, ja zum Teil ganz verlorengegangen.

Von vielen Seiten wird nun einer modernen Produktionsweise zwecks Verbilligung der Herstellungskosten das Wort geredet, demgegenüber kann von den Neustädter Betrieben gesagt werden, daß bei uns eine intensive Arbeitseinteilung schon seit Generationen besteht, denn wir kennen schon immer Teilarbeiter für jeden einzelnen Arbeitsgang, den die Puppe zu durchwandern hat, bis sie verkaufsfertig erscheint.

Auch die Umstellung auf hochwertige Qualitätsware wird in Tages- und Fachzeitungen als eine rettende Tat empfohlen, hierauf läßt sich entgegnen, daß hier ebenfalls hochwertige Fabrikate angefertigt werden, die Erfahrung lehrt aber, daß der gute preiswerte Mittelgenre und die solide billigere Ware immer am meisten gefragt bleibt, weil die Käufer hochwertiger Qualitäten im Inland sowohl als auch im Ausland sehr dünn gesät sind. Vereinzelte Aufträge auf teure Sachen sind keineswegs dazu angetan, die Hunderte von Spielwaren- und Puppenbetriebsstätten dauernd zu beschäftigen. Das große Käuferpublikum muß besonders in gegenwärtiger Zeit zu sehr mit dem Gelde rechnen und bevorzugt daher die Artikel, welche solid gearbeitet sind, ein gefälliges Aussehen haben und nicht zu hoch im Preise stehen.

Wir kommen zum Schluß unserer Betrachtungen und gestehen offen: viel, sehr viel ist uns verloren gegangen, aber der alte gute Kern mit einer Jahrhunderte alten Tradition ist auch in Neustadt erhalten geblieben. – Neustadt hat eine Bevölkerung, deren unverwüstliche Schaffensfreudigkeit, Intelligenz und Auffassungsgabe zu der Hoffnung berechtigt, daß trotz aller gegenwärtigen Hemmungen, das zweite Jahrzehnt nach dem Kriege ein beseres werde. So wird denn das verhältnismäßig kleine Puppenstädtchen Neustadt bei Coburg nach wie vor seine Mission erfüllen und an seinem Teil mit dazu beitragen, den Kindern des ganzen Erdballs, auch denen der weniger bemittelten Familien, eine Puppe oder sonstiges Spielzeug unter den Weihnachtsbaum zu legen.

Die drei 8 cm, 9,5 cm und 11,5 cm großen Brustblattköpfe sind aus nahezu unzerbrechlichen Materialien: Der linke Kopf aus gepreßter Pappe, der mittlere aus Zelluloid und der rechte aus Metall.

Unten:
Die Anzeige der Firma Buschow & Beck erschien 1925 in der »Deutschen Spielwarenzeitung«.

Die beiden Zelluloid-Sockelköpfe sind mit dem eingetragenen Schildkröten-Zeichen (ohne Raute) der Rheinischen Gummi- und Celluloid-Fabrik bezeichnet. Die 65 cm (links) und 45 cm großen Puppen entstanden Ende des 19. Jahrhunderts.

Mit einem römischen Helm und den Ziffern 9 bzw. 11, entsprechend der Größe in cm, sind die kleinen »stiff-neck«-Puppen aus Zelluloid bezeichnet.

Anzeige aus der »Deutschen Spielwarenzeitung«, Jahrgang 1925.

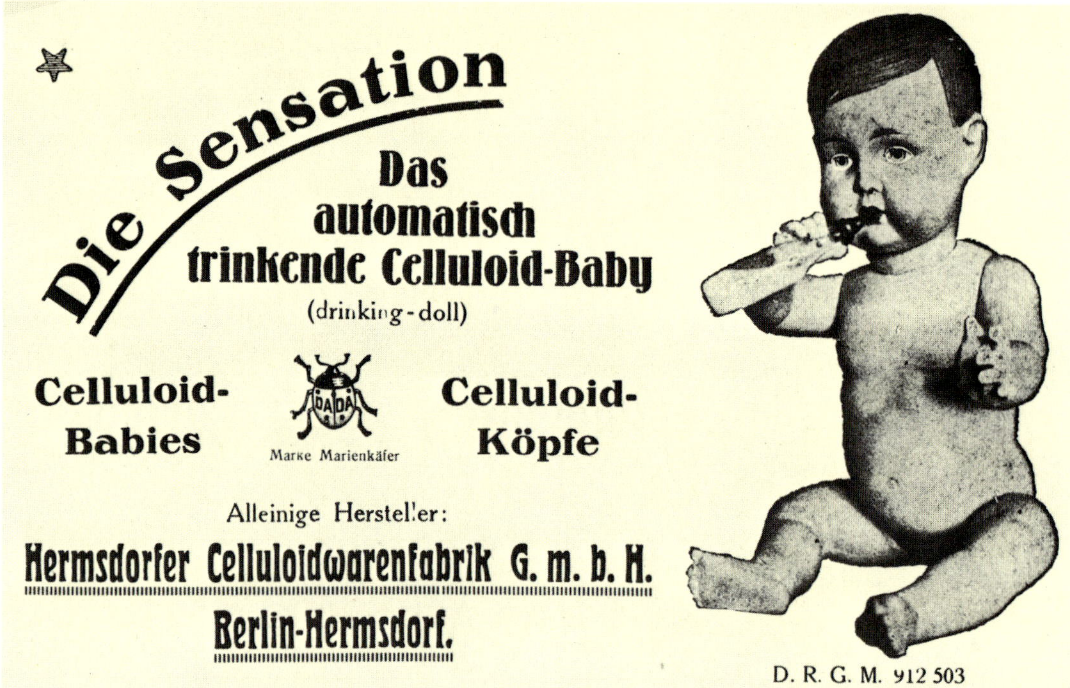

Die beiden Sitzbabies von der Rheinischen Gummi- und Celluloid-Fabrik wurden 1913 als »künstlerisch ausgeführte Charakterpuppen mit beweglichen Armen und Beinen« angeboten.

Um 1920 fertigte die Porzellanmanufaktur Heubach in Lichte für Gebrüder Ohlhaver in Sonneberg Puppenkörper mit der Bezeichnung »Revalo«. Während das 32,5 cm große Puppenmädchen einen einfachen Stoffkörper mit Mischmasse-Unterarmen besitzt, ist der Körper des 24,5 cm großen Knaben durchgehend aus Mischmasse gefertigt.

Charakteristisch für diesen Puppentyp sind die nach innen gezogenen, aufgemalten Pupillen der Augen und die Pagenstil-Frisur, teils glatt, teils mit anmodelliertem, farbigem Band.

Käthe Kruse-
PUPPEN
*waſchbar*weich*
Unzerbrechlich
Reich illustrierte Kataloge
WERKSTÄTTE DER KÄTHE KRUSE-PUPPEN
Bad Kösen an der Saale
Zur Messe in Leipzig: Wagnerhaus, Grimmaische Straße 6, II. Stock, Zimmer 17/18.

Heller Jubel der Kinder: Käthe-Kruse-Puppen

Puppenkinder werden wohl zu jeder Zeit von ihren kleinen Müttern mit offenen Armen aufgenommen, aber eine Weihnachtspuppe – das ist doch etwas ganz Besonderes. Sie kommt je direkt aus dem geheimnisvollen Weihnachtslande, weit, weit hinter den Bergen, und in ihren braunen oder blauen Augen fängt sich der Glanz der Christbaumlichter und bleibt darin gebannt das ganze Jahr hindurch.

Aber auch die Puppen können sich dem Einfluß der Zeitströmung auf die Dauer nicht entziehen. Auch in ihrem Lager gibt es jetzt eine »Bewegung«, einen Kampf zwischen dem Rückständigen, Überlebten und dem Neuen. Sie fangen an, sich zu emanzipieren, wollen die alte Hülle mit ihrer oft recht nichtssagenden Gleichgültigkeit abstreifen, wollen in Form und Wesen ihren kleinen Müttern immer ähnlicher werden.

Schaut sie euch nur einmal an, die herzig-drolligen Geschöpfe hier. Nicht wahr, es ist schwer zu entscheiden, ob's Puppen oder richtige lebende Menschlein sind? Da sind zuerst die »Käthe-Kruse-Puppen«, die nichts sein wollen als innig geliebte Spielpuppen, die kein kluges Gesicht, kein ewiges Lächeln aufsetzen und doch so schalkhaft, putzig und kinderniedlich in die Welt hineinschauen, daß man sie unwillkürlich nach Herzenslust abküssen möchte. Ihr Körperchen ist wie ein gesunder, rosiger Kinderleib; der kleine Rükken, die runden Knie, die drallen Waden und Arme – alles ist dem Leben abgelauscht und in seiner Beweglichkeit und Elastizität beinahe selbst wie lebendiges Fleisch. Aus einer Menge einzelner Stoffteile, mit winzigen Abnähern ist der Puppenleib zusammengefügt und dann fest mit Watte ausgestopft, und darauf sitzt locker, so daß es sich beliebig hin und her bewegen kann, ein entzückendes, stumpfnasiges Köpfchen mit babyhaft verständigem Ausdruck. Das Köpfchen ist, genau wie der Körper, aus Stoff genäht und mit Watte gefüllt. Ein besonders präpariertes Fixativ hält die zarte Malerei fest – auch die Härchen sind gemalt, da die Flachsperücken den kindlichen Liebkosungen ja bekanntlich doch nicht lange standhalten – so daß der Puppenkopf sich wie einer aus Porzellen waschen und abküssen läßt, ohne von seiner Frische etwas einzubüßen. Natürlich läßt sich auch der ganze Puppenleib mit Wasser und Seife »abschrubben«, wenn der Reinlichkeitstrieb der kleinen Mama das verlangt.

Trotzdem nun alle diese Püppchen nach dem gleichen Schnitt gearbeitet werden, hat doch jedes, merkwürdigerweise, sein ganz besonderes Aussehen, ist gleichsam ein Wesen für sich. Je nachdem das Köpfchen sich nach vorn, hinten oder seitwärts biegt, kann es zärtlich betteln, schelmisch blinzeln, ein »Schippchen« machen oder eigensinnig trotzen.

Diese Verwandlungsfähigkeit ist eben einer der größten Reize der Käthe-Kruse-Puppe. Sie bietet der kindlichen Phantasie immer neue Nahrung, macht das Spiel immer wieder frisch und reizvoll. Diese Puppe weint und lacht, wie die kleine Mutter es haben will, sie lächelt nicht dumm und stumm zu allen Ereignissen ihres oft vielbewegten Daseins, gleichviel, ob sie freudiger oder trauriger Natur sind.

Die Erfinderin dieser Stoffpuppen ist natürlich eine Mutter. Denn nur eine Mutter kann so bis ins kleinste wissen und nachfühlen, wie eine Puppe beschaffen sein muß, die ihren Zweck wirklich erfüllen soll: unzerbrechlich, damit sie einen gelegentlichen Puff vertragen kann; weich, damit das Kind sich nicht an ihr stößt; waschbar, nicht zu

Auszug aus einem Aufsatz von Gertrud Triepel, erschienen 1911 in »Die Welt der Frau«.

Links: Käthe-Kruse-Postkarten und eine Anzeige aus der »Deutschen Spielwarenzeitung«, Jahrgang 1925.

Rechte Seite: Original Käthe-Kruse-Postkarte aus dem Jahre 1920.

klein und nicht zu groß und, wie gesagt, wandlungsfähig bis ins Unendliche und reizend, ohne ins Schablonenmäßige zu verfallen. Viele, viele Versuche sind diesem endgültigen Erfolg vorangegangen; aber nun ist er da, und die Käthe-Kruse-Puppe, die übrigens 46 Zentimeter groß ist, hat sich schon in aller Herren Ländern begeisterte Freunde geschaffen. Jede Puppe ist von Anfang bis Ende Handarbeit, jede ist ein Original, von Künstlerhand bemalt und von Künstleraugen begutachtet. Denn Frau Käthe Kruse – übrigens die Gattin des bekannten Bildhauers Professor Max Kruse – ist nicht nur eine zärtliche, verständnisvolle Mutter, sondern auch eine begabte Malerin, und als solche übt sie scharfe Kritik an den Puppen, die alle unter ihrer persönlichen Leitung herstellt werden. Versuchsweise war die Käthe-Kruse-Puppe eine Zeitlang in Fabrikbetrieb übergegangen, aber dabei verlor sie allmählich alle Eigenart und wurde eine Schablonenpuppe, wie so viele ihrer Schwestern, die sie doch eben überflügeln will. Das ging also nicht, und nun hegt und pflegt die Künstlerin ihr Herzenswerk wieder in »eigenem Betrieb« weiter, sich selbst und andern zur Freude.

Und wie zieht Puppenmütterchen nun ihren Liebling an? Gibt es etwas Herzigeres als die kleine Gesellschaft hier in ihren echt kindlichen Hemdchen und Kleidchen? Da ist nichts Gesuchtes und Puppenhaftes, kein Flitterkram, der den Kindergeschmack verderben könnte, alle solide, praktisch und dabei doch so entzückend niedlich. Und das kommt daher, daß die Kruse-Puppen sich eine ganz besondere Schneiderin ausgesucht haben; auch wieder eine Künstlerin und junge Mutter, die mit dem Herzen bei ihrer Arbeit ist und weiß, wie's die Kinder haben wollen und zum richtigen Spiel brauchen. Vom gestrickten Jäckchen und dem gehäkelten Mützchen bis zu den gestrickten Söckchen und weichen Schuhchen, vom gestickten Krägelchen bis zu dem Röckchen und bortengeschmückten Kleidchen ist alles Handarbeit, nach eigenen Ideen der Künstlerin ausgeführt. Und ein Kind, das mit solch einem vernünftig gekleideten Puppenbaby gespielt, es an- und ausgezogen hat, wird, wenn es erwachsen ist, auch mit lebenden Kindern umzugehen wissen.

Das also ist die vielbesprochene Käthe-Kruse-Puppe, die ihre Ärmchen allen puppensehnsüchtigen, kleinen Mädchen freundlich entgegenstreckt und gewiß unter vielen Christbäumen prangen wird.

Ganz anders und wohl mehr für größere Kinder berechnet sind die Kaulitzpuppen, die sich hier ebenfalls im Bilde vorstellen. Auch sie haben eine Künstlerin, Marion Kaulitz, zur Mutter, die sich mit großer Liebe in ihre Schöpfungen versenkt. Hier ist jedes Püppchen ein Typ, jedes hat einen besonderen Ausdruck und Charakter; vom sittigen Schulfuchs bis zum verschmitzten Bäuerlein, vom kleinen, süßen Dirnchen mit den braunen Zopfkringelchen am Ohr bis zum zierlichen Rokokodämchen im knisternden Seidenkleid, vom fidelen Negerjungen bis zum züchtig-sentimentalen Biedermeierfräulein sind alle Lebensalter und Zeitläufte vertreten. Die Köpfchen dieser Puppen – jeder einzelne ein Kunstwerk – sind von Marion Kaulitz selbst oder von jungen Münchener Künstlern modelliert; sie bestehen, ebenso wie die reizend ausgearbeiteten Hände und Füße, aus einer waschbaren, fast unzerbrechlichen Masse, so daß sie selbst einem reichlichen Ansturm von Wasser und Seife wacker standhalten können. Wundervoll echt und allerliebst in ihren Formen sind die Kleidchen der Kaulitzpuppen, ob sie nun aus derbem, buntem Wollstoff, aus einfachem Kattun oder aus raschelnder Seide und feinem Tuch bestehen. Sorgfältig genäht und bis ins kleinste mit Liebe bedacht und ausgestattet, können sie an- und ausgezogen und gewaschen werden.

Die Kaulitzpuppen haben denn auch schon auf vielen Kunstausstellungen Aufsehen erregt. Ihr Anblick ist ein Genuß für die Großen und eine Quelle staunender Freude für die Kleinen. Ob freilich jedes Kind die Kaulitzpuppen zum Spielen begehren wird, ist eine Sache für sich. Kinder haben oft ganz besondere Wünsche und Ansichten, und was das eine in hellen Jubel versetzt, läßt das andere ziemlich gleichgültig und kalt. Da kann nur die Mutter entscheiden, die das Seelenleben ihres Töchterchens kennt und weiß, was seinen Neigungen entspricht.

Ob Käthe-Kruse-, ob Kaulitzpuppe – wir vermögen es von uns aus allein nicht zu entscheiden. Wir können nur das Preislied ihrer Eigenart und Schönheit singen, aber das Schlußwort dazu wird doch in allen Fällen das Kind selber sprechen müssen, für das die Puppe ja ein Stück Leben bedeutet.

Zum heut'gen Tag als braves Kind
Bring Blumen ich zum Angebind.
Herzlichen Glückwunsch zum Geburtstage
Original - Kathe Kruse - Puppen.

Neustädter Puppen aus den zwanziger und vierziger Jahren.

Literaturverzeichnis

Anschütz, Prof. Rudolf, »Die Spielwaren-Produktionsstätten der Erde«, Sonneberg, 1913

Basedow, Johann Bernhard; Chodowiecki, Daniel, »Elementarwerk«, 1770–74 »Der Bazar«, Jg. 1857

Boesch, Hans, in »Kind und Kunst«, Darmstadt 1904/05

Gumpert, Thekla von, »Herzblättchens Zeitvertreib«, 1885

Hensoldt, Heinrich Christoph, »Beschreibung der durch den Welthandel berühmten Stadt Sonneberg«, Nürnberg 1845

»Illustrirte Zeitung«, Jg. 1894 Berlin

Kämmer & Reinhardt, »Jubiläumsschrift – 25 Jahre«, Waltershausen 1910

Sax, Dr. Emanuel, »Die Hausindustrie in Thüringen«, Jena 1885

Schmidt, Emil, in »Gartenlaube«, Jg. 1874

»Spielwarenzeitung, Deutsche«, Jg. 1925

Stoy, Prof. J. S., »Bilder-Akademie für die Jugend«, Nürnberg 1784

Triebel, Gertrud, in »Die Welt der Frau«, Nr. 50, 1911

Trinius, August, in »Vom Fels zum Meer«, Jg. 1893

»Das Neue Universum«, Berlin u. Stuttgart, Bd. 10, 1889

»Wegweiser für die Spielwaren Industrie«, Nürnberg, 40. Jg. 1925

Abbildungsnachweis

Sammlung Doris Böer, Hamburg
Sammlung Elke Dröscher, Hamburg
Germanisches Nationalmuseum, Nürnberg
Sammlung Prof. Dr. H. Göbels, Essen
Archiv Helmut Renner, Neustadt/Coburg
Stadtarchiv Neustadt/Coburg
Sammlung Margot Siesbye, Dänemark
Trachten Puppen-Museum, Neustadt/Coburg
Privatsammlung Hamburg

Register

Adelaide-Frisur 12
Alice 42
Anschütz, Prof. Dr. 10
Arnold, Oskar 116
Babypuppe 32, 141
Badepuppen 65
Baehr & Proeschild 163
Balgmacher 107
Bambuszähne 39
Basedow, Johann Bernhard 19
Bébés 9
Bestelmeier 8
Biedermeier 42, 63, 81, 84
Biskuitkopf 57, 71
Biskuitporzellan 9, 115
Biskuitschulterkopf 87
Boesch, Hans 40
Bossierer 192
Boullemöbel 63
Buschow & Beck 194
Charakterpuppen 175, 177
Charakterbabies 139, 193
Chodowiecki, Daniel 19
Docken 7, 15, 18
Dockenstopfer 192
Dollar-Puppen 137
Doppelgelenkpuppen 193
Doppelgesicht 142, 143
Doppelrock 59
Dorn, Ernst 192
Drechsler 107
Dressel 23
Drücker 107
Edison 117
Exportgeschäfte 104
Fertigmacher 107
Frisur 42
Frühjahrsmesse, Leipziger 105
Gartenlaube 52/53, 55
Gautier 110
Geschmacksmuster 108
Gesso-Schicht 12
Gewerbefreiheit 104
Gewerbeschule 109
Glasierte Puppenköpfe 73
Glasiertes Porzellan 72, 86
Gliederdocken 23
Googly-Puppen 187
Grammophon 68
Greiner, Ludwig 44, 192
Greiner-Puppen 46
Grödner Holzpuppen 26
Grödner Tal 23
Grosshändler 105
Gumpert, Thekla v. 97
Halbig 175
Handwerk, Heinrich 167
Hartmann 119
Haubach, Ernst 150
Hausindustrie 24, 68
Hensoldt, Heinrich Christoph 75
Heubach, Ernst 167, 168, 200
Holzpuppen 25, 34
Kämmer & Reinhardt 137, 172, 175
Kestner J. D. 115, 141, 144, 145, 148
Keulenärmel 36
Kruse, Käthe 203
Kugelgelenkpuppen 9
Künstlerpuppen 175
Kürbiskopf-Puppen 92
Lederkörper 156, 157
Leipziger Puppendoctorin 55
Ludelmänner 191
Lüster 50
Manufakturartikel 77
Manufakturen 104
Marseille, Armand 114, 146, 151, 170, 171
Mattlackpuppen 193
Minerva 194
Modejournal 28
Modelleur 192
Mohairperücke 158
Musterbuch 46
Musterbücher 14
Neorokoko 45
Neustadt 67
Neustadt bei Coburg 191
Ohlhaver Gebr. 200
Pantalets 37
Paperweight-Augen 112, 140
Papiermaché 8
Papiermachékopf 12
Papiermachékopf-Puppen 37
Papiermachékörper 193
Parian 43, 49, 58
Parisienne 110
Patentschutz 108
Pausbacken 54, 98
Phonograph 40, 68, 117
Porzellan, glasiert 72, 86
Porzellanbrustköpfe 51
Pumpkin Dolls 95
Puppen, wachsiert 192
Puppendoctorin 55
Puppenstubenpuppen 122
Queen Anne 16
Recknagel 118
Reinhardt, Franz 137
Reißmann 192
Revalo 200
Sax, Dr. Emanuel 103
Schelmaugen 139
Schildkröten-Zeichen 197
Schillerlocken 58, 74, 90
Schmidt, Bruno 163
Schnitzer 107
Schulterkopf 161
Schumacher, Tony 96
Schutenhüte 14, 36
Schutzzölle 139
Schutzzollpolitik 106
Sichelbeine 140
Simon & Halbig 146, 155, 180
Societé Française de la Fabrication de Bébés et Jouets 113
Sonneberg 67, 75
Sonneberger Puppen 33
Sonneberger Waaren 103
Staatspuppen 28
Stehbabies 139
Steifgelenkkörper 158
Steifhals-Körper 132
Stiefeletten 57, 99
Stier, Heinrich 91
Stimmmacher 107
Stoffkörper 90, 95
Stoffpuppen 203
Stoy, Prof. J. S. 18
Süssenguth, Gebr. 182, 183
Täuflinge 9, 68, 103
Thüringer Puppen 67
Tituskopf 21
Tonpuppen 15
Tressiererinnen 69
Trinius, August 67
Typisierung 186
Verleger 24
Vorarbeiter 107
Wachsgußköpfe 98
Wachsgußpuppen 192
Wachsierte Puppen 192
Wachspuppe 91, 97
Wachsüberzug 92
Waltershausen 67, 137
Wellenfrisur 58
Wellenscheitel 74
Wespentaille 71
Wickelpüppchen 25
Zelluloid 197
Zelluloidpuppen 162
Ziegenlederkörper 31, 37, 81, 111